FINANZINNOVATIONEN

FINANCIAL INNOVATIONS

HANS E. ZAHN

FINANZINNOVATIONEN
GLOSSARIUM DER NEUEN HEDGING- UND FINANZIERUNGSINSTRUMENTE

ENGLISCH — DEUTSCH

FRITZ KNAPP VERLAG   FRANKFURT AM MAIN

HANS E. ZAHN

FINANCIAL INNOVATIONS
GLOSSARY OF NEW HEDGING
AND FINANCING INSTRUMENTS

ENGLISH — GERMAN

FRITZ KNAPP VERLAG FRANKFURT AM MAIN

ISBN 3-7819-2024-0

© 1986 by Fritz Knapp Verlag, Frankfurt am Main
Gesamtherstellung: Druckerei Neubert, Bayreuth
Umschlagentwurf: Manfred Jung, Frankfurt am Main

Printed in Germany

EINFÜHRUNG

In den letzten beiden Jahren rollte eine beispiellose Innovationswelle über die internationalen Finanzmärkte. Sie hinterließ nicht nur ein breites Spektrum an neuen Finanzierungstechniken und Instrumenten zur Absicherung von Zins-, Kredit- und Währungsrisiken, sondern löste gleichzeitig tiefgreifende strukturelle Veränderungen aus, die zu einer Verwischung der ehedem scharfen Grenzen zwischen Geld-, Kredit- und Kapitalmärkten führten.

Der Erfolg der neuen Instrumente hat viele Väter. Zum einen ließen der verschärfte Wettbewerb an den einzelnen Teilmärkten, die Schuldenkrise und die hohe Volatilität im internationalen Zins- und Währungsgefüge das Interesse an innovativen Finanzierungstechniken wachsen. Zum anderen suchten Anleger nach neuen Möglichkeiten zur Streuung wirtschaftlicher und währungsbedingter Risiken.

Verstärkt wurde der weltweite Innovationstrend durch die Deregulierung nationaler Märkte sowie durch die Entwicklung elektronischer Daten- und Informationssysteme, die den weltweiten Handel in den neuen Instrumenten rund um die Uhr erst möglich machten.

Mit dem vorliegenden Glossarium möchte der Autor bei Bankern, Privatanlegern und Studierenden der Bankbetriebs- bzw. Betriebswirtschaftslehre zu einem besseren Verständnis der innovativen Hedging- und Finanzierungsinstrumente beitragen.

Frankfurt, März 1986　　　　　　　　　　Hans E. Zahn

PREFACE

Over the last two years the international financial markets have seen an unprecedented spate of financial innovations. Banks and brokerage houses have marketed a bewildering range of new facilities and techniques to protect company profits and investor earnings from the vagaries of the currency and interest markets. Although the new strategies have transformed the face of the market place and blurred the boundaries between the money, capital and credit markets, they have firmly established themselves.

The success of the new instruments must be seen against the background of changing hedging and financing requirements and the need to innovate in response to competitive pressures. The wave of inventiveness has been intensified by the deregulation of national markets and the development of electronic data communications systems allowing market operators to trade the instruments around the clock.

The aim of the glossary is to provide a better understanding of the new products and to guide bankers, corporate treasurers, private investors and students through the maze of innovative financing options.

Frankfurt, March 1986   Hans E. Zahn

A

AAA, AA, A   /   Aaa, Aa, A → rating

A-1, A-2, A-3 → rating

activation of the tap   Auflegung einer Tranche im Rahmen einer → tap issue

actuals   Finanzinstrumente des Kassamarktes, auf denen Terminkontrakte basieren

AFBD → Association of Futures Brokers and Dealers

agent   Agent-Bank, Agent   Konsortialführerin oder Mitglied der Führungsgruppe bei Emissionen, Kreditsyndizierungen oder Fazilitäten zur Begebung von Euronotes. In der Regel nimmt eine Agent Bank die folgenden Aufgaben wahr: Konditionengestaltung, Auszahlung des Krediets, Überwachung der Zins- und Tilgungszahlungen. Sonderformen: → issuing agent, tender panel agent, purchase fund agent, paying agent)

AIBD → Association of International Bond Dealers

all-in cost of funding   Gesamtfinanzierungskosten

Alpine bonds   auf Schweizer Anlegergruppen abzielende Dollar-Bonds

American option   Kauf- oder Verkaufsoption, die jederzeit innerhalb einer bestimmten Frist ausgeübt werden kann (Gegensatz: → European option)

American quotation / American terms   Quotierung der Basispreise und Prämien für Devisen-Optionskontrakte in Dollareinheiten pro DM. Eine Quotierung von 41 auf einen DM-Optionskontrakt (Kontrakteinheit DM 62.500 oder DM 125.000) zeigt einen Basispreis von $ 0,41 je 1 DM an   (→ strike price series). Bei Prämienquotierungen (→ premium quote) von 1.84 (Call) und 0.65 (Put) sind $ 0.0184 bzw. $ 0.0065 je 1 DM auf Kauf- bzw. Verkaufsoptionen zu entrichten (Gegensatz: → European quotation).

anticipatory hedge antizipatives Sicherungsgeschäft (in Erwartung einer bestimmten Marktentwicklung)

approved primary dealers Wertpapier-Häuser, über die US-Schatzpapiere bzw. britische Staatspapiere verkauft werden

arranger in Verbindung mit Kreditsyndizierungen und Emissionen: Arrangeur, Führungsbank, Konsortialführerin;
in Verbindung mit Swap-Transaktionen: Bank, die swapwillige Parteien zusammenführt und bei Vertragsverhandlungen berät (die Bank übernimmt kein Risiko; Gegensatz: →intermediary)

asset monetisation Substitution von Bankkrediten durch handelbare Wertpapiere

asset swap Tausch von Vermögenswerten bzw. Zahlungsforderungen (Gegensatz: liability swap)

asset trading Handel in Darlehensforderungen (Vergabe von Kreditanteilen bzw. Kreditquoten an andere Banken; transferable loan facility)

Association of Futures Brokers and Dealers Vereinigung der am Terminkontraktmarkt tätigen Broker-Häuser; → self-regulatory organisation

Association of International Bond Dealers Vereinigung von Emissionsbanken und Händlerfirmen

at-the-market call Kündigung zum marktgängigen Zinssatz

at-the-money option Option, deren Basispreis dem aktuellen Marktpreis entspricht (→ in-the-money option, out-of-the-money option)

Aussie bonds in Austral-Dollar denominierte Eurobonds

average to - down the cost of borrowing die durchschnittlichen Kosten der Mittelbeschaffung senken (durch Umschuldungen oder Aufnahme zusätzlicher Mittel zu günstigen Konditionen)

away-from-the-market option → out-of-the-money option

B

Baa, Ba, B → rating

back bond Anleihe, die durch die Ausübung von Optionsrechten erworben wird (→ dollar bond warrants)

backstop / backstop facility Übernahmeverpflichtung einer oder mehrerer Banken in Verbindung mit einer Euronotes-Emission

Schuldner, die ihren mittel- bis langfristigen Finanzierungsbedarf durch die revolvierende Emission kurzfristiger Schuldtitel (→ Euronotes) zu geldmarktnahen Konditionen decken möchten, können sich die Verfügbarkeit dieser Mittel durch sogenannte backstop facilities garantieren lassen. Im Rahmen einer solchen Fazilität verpflichtet sich eine Bank bzw. eine Bankengruppe die Titel des emittierenden Unternehmens zu übernehmen bzw. die benötigten Mittel zu einem vereinbarten Satz selbst zur Verfügung zu stellen, falls die Papiere am Markt nicht plaziert werden können (→ note issuance facility). Weiterführende Form: → backup facility (line)

back-up facility / back-up line Deckungslinie, Auffanglinie, Stützungsfazilität

Bei einer back-up facility kann es sich zunächst um eine backstop facility handeln, durch die Wertpapierplazierungen eines Nichtbankenschuldners abgesichert werden.

Im weiteren Sinne sind unter back-up facilities Stützungsfazilitäten zu verstehen, die von Banken für unterschiedliche Zwecke bereitgestellt werden. So können diese Linien die Inanspruchnahme unterschiedlicher Finanzierungsinstrumente (→ multiple option facility) oder die Verfügbarkeit von Geldern bei beabsichtigten Firmenübernahmen oder Fusionen garantieren.

balloon repayment Rückführung eines Kredites durch niedrige Tilgungen während der Kreditlaufzeit und einer überdurchschnittlich hohen Rückzahlung zum Fälligkeitstermin des Kredites

Baltic freight index contract Terminkontrakt auf einen Frachtraten-Index (der Index basiert auf dem Durchschnitt der Frachtraten für die meistbefahrenen internationalen Schiffahrtsrouten)

bank backstop → backstop

banker's option von einer Bank verkaufte Option (→ option/ OTC option, → currency option)

bank-guaranteed debt durch eine Bank garantierter Schuldtitel

bank-intermediated swap Swap-Kontrakt, bei dem eine Bank als → intermediary fungiert (→interest rate swap, S. 86)

bank letter of credit Bankgarantie (→ letter of credit)

bank perpetuals von Banken begebene Schuldtitel, die die Bank von England als Eigenkapitalsurrogate anerkennt (→ perpetual floaters)

basis Basis in Verbindung mit Hedging-Geschäften, die auf Terminkontrakten basieren: Differenz zwischen dem Kassakurs und dem korrespondierenden Terminkontraktkurs eines Finanztitels (→ basis risk)

basis point Basispunkt 1 basis point = 0,01 % ; z.B. 81 basis points = 0,81 %

basis rate swap Swap, bei dem ausschließlich variable Zinsverpflichtungen getauscht werden (z.B. auf der Prime Rate basierende Verpflichtungen gegen Libor-gebundene Zahlungen)

basis risk Basis-Risiko Unter dem Basis-Risiko ist die Gefahr zu verstehen, daß sich das Verhältnis zwischen Kassa- und Terminkontraktkurs in der Zeit zwischen Öffnung und Schließung der Kontraktposition wesentlich verändert.

Voraussetzung für ein erfolgreiches Sicherungsgeschäft ist eine weitgehend gleichbleibende Basis, d.h. gleichgerichtete Veränderungen der Kassa- und Terminkontraktkurse.

BBA interest settlement rates Zinssätze für → interest rate swaps und → future rate agreements. Es handelt sich dabei um Durchschnittssätze, die der Britische Bankenverband (British Bankers' Association) auf der Basis der täglichen Notierungen führender Marktteilnehmer für Fälligkeiten zwischen einem Monat und zwölf Monaten errechnen läßt.

BBAIRS currencies Währungen (Dollar, D-Mark, £-Sterling, Schweizer Franken, Yen), in denen Swap-Transaktionen auf der Grundlage der BBA terms abgewickelt werden

BBA terms Richtlinien des Britischen Bankenverbandes zur Standardisierung von Kontrakten für Zins-Swaps, börsenfreie Devisenoptionen und Zins-Terminkontrakte

BBB, BB, B → rating

bear call spread Baisse-Spread mit Kaufoptionen (→ currency option, S. 36; → interest rate option, S. 84)

bearer participation certificate Inhabergenußschein

bear put spread Baisse-Spread mit Verkaufsoptionen (→ currency option, S. 36; → interest rate option, S. 84)

bellwether bond Leitemission (Emission, die die allgemeine Kurs- und Renditeentwicklung widerspiegelt)

beta Der Beta-Faktor zeigt die Volatilität einer Aktie an. Verfügt eine Aktie z.B. über einen Beta-Faktor von 0,75, dann bedeutet dies einen Kursanstieg bzw. -rückgang von 0,75 %, wenn sich der Markt in seiner Gesamtheit 1 % nach oben oder nach unten bewegt.

bid (a) Geld, Geldkurs (b) Zinsgebot für Schuldtitel (→ Note Issuance facility; → tender panel); (c) Übernahmeversuch

bidding cap Obergrenze für Gebote

bidding group Bietungskonsortium (→ tender panel)

bid on an unsolicited basis Gebot, das dem Emittenten direkt und unaufgefordert unterbreitet wurde (→ tender panel)

bid request Aufforderung zur Abgabe von Geboten (→ tender panel)

Big Bang umgangssprachlicher Ausdruck für die im Herbst 1986 in Kraft tretende Neuordnung des britischen Wertpapiersektors

Neuerungen: Einführung der Broker-Dealer, die sowohl Aufträge für Dritte ausführen als auch Eigengeschäfte betreiben. Die strikte Trennung zwischen dem als Kommissionär im Auftrag seiner Kunden tätigen Broker und dem als Eigenhändler tätigen Jobber wird somit aufgehoben. Nach der gegenwärtig vorgesehenen Regelung können Börsenmitglieder jedoch auch weiterhin ausschließlich Broker- oder Jobber-Funktionen wahrnehmen.

Die Mindestcourtagesätze der Börsenmitgliedsfirmen werden abgeschafft. An ihre Stelle treten frei aushandelbare Provisionssätze.

Ferner fallen bereits im März 86 die Beschränkungen für Beteiligungen an Börsenfirmen, d.h. in- und ausländische Geschäftsbanken sowie andere Finanzinstitute können bis zu 100 % des Kapitals von Broker- bzw. Jobber-Häusern erwerben.

bill futures   Terminkontrakte auf US-Schatzwechsel

black knight   Investor, der die Übernahme eines Unternehmens durch ein überfallartiges Übernahmeangebot an die Aktionäre zu erreichen versucht. Handelt in der Regel ohne die Zustimmung des Managements des Zielunternehmens.

B loan   B-Kredit   Ko-Finanzierungsform, bei der sich die Weltbank an einem von einer Geschäftsbank bereitgestellten Kredit beteiligt und ferner ein eigenes Darlehen zur Verfügung stellt.

block distribution   Plazierung von Aktienpaketen

bond basis   in Verbindung mit Swaps: deutsche Zinsusance (360/360)

Bond calls   Kaufoptionen auf Treasury-Bond-Kontrakte

bond cum warrants   → bonds with warrants attached

bond ex warrants   Anleihe ohne Optionsscheine

bond futures contract   Terminkontrakt auf US-Treasury bonds

Bond puts   Verkaufsoptionen auf Treasury-Bond-Kontrakte

bond with equity (debt) warrants   → bond with warrants attached

bond with warrants attached   Optionsanleihe   Bei einer Optionsanleihe handelt es sich um einen Schuldtitel, der seinem Inhaber das Recht zum Erwerb von Aktien oder anderen Papieren des gleichen Emittenten zu einem vorher festgelegten Kurs gibt. Dieses Recht ist in Optionsscheinen verbrieft, die nach der Emission abgetrennt und selbständig gehandelt werden können.

BONUS → borrower option for notes and underwritten standby

booking open a swap position Hereinnahme einer offenen Swap-Position

bookrunner Konsortialführer

borrower option for notes and underwritten standby Variante einer → note issuance facility (ermöglicht eine Liquiditätsbeschaffung durch die Begebung von Titeln sowohl am Euromarkt als auch am US Commercial-Paper-Markt)

bought deal Emissionsverfahren, bei dem eine Bank (die spätere Konsortialführerin) dem Emittenten ein festes Angebot für den vollen Anleihebetrag unterbreitet. Erst nach Annahme des Angebotes wird ein Konsortium gebildet.

Für einen erstklassigen Emittenten ergibt sich der Vorteil des Bought Deal aus der Tatsache, daß er in der Regel zwischen verschiedenen Angeboten wählen kann. Zudem wird das Marktrisiko auf die Konsortialführerin bzw. die Mitglieder des Konsortiums übertragen.

box arbitrage Arbitragegeschäft, das auf den unterschiedlichen Kursen verwandter Terminkontrakte basiert (z.B. Kontrakte auf kurzfristige Eurodollar- und Sterling-Einlagen)

bp → basis point

BPC → bearer participation certificate

brackets in Verbindung mit Emissionen: Gruppen, in die die Konsortialbanken je nach Marktstellung bzw. Umfang der übernommenen Quoten oder Aufgaben eingeteilt werden (special, major, sub-major, junior, minor bracket)

broker-dealer Broker- bzw. Händlerfirma, die sowohl Wertpapieraufträge für Dritte ausführt als auch Eigengeschäfte tätigt (→Big Bang)

bull call spread Hausse-Spread mit Kaufoptionen (→ currency option, S. 36; → interest rate option, S. 84)

bulldog £-Sterling-Auslandsanleihe

bullet facility Kreditfazilität (oder Anleihe), die in einem Betrag zurückgezahlt wird, d.h. daß vor Fälligkeit keine Tilgungen erfolgen

bull put spread Hausse-Spread mit Verkaufsoptionen (→ currency option, S. 36; → interest rate option, S. 84)

buying a straddle gleichzeitiger Erwerb einer Kauf- und Verkaufsoption (→ currency option, S. 36; → interest rate option, S. 84)

C

Caa / Ca / C → rating

call buyer Erwerber einer Kaufoption

call contract Kaufoptions-Kontrakt

call exercise price Basispreis einer Kaufoption (Preis/Kurs, zu dem die Ausübung einer Kaufoption erfolgt)

call on the underwriters Inanspruchnahme der Konsortialbanken (z.B. aus einer Übernahmeverpflichtung; → note issuance facility)

call option (a) Kaufoption Eine Kaufoption gibt ihrem Inhaber das Recht, ein Basisobjekt (Devisen, Aktien, Index, Terminkontrakt) innerhalb eines bestimmten Zeitraumes oder zu einem Endfälligkeitstermin zu einem vereinbarten Kurs (Basispreis) gegen Zahlung einer Prämie zu erwerben. (b) Kündigungsrecht eines (Anleihe-)Schuldners

call option guarantee letter Garantie des Verkäufers einer Kaufoption

call option on a futures contract Kaufoption auf einen Terminkontrakt (→ option on futures)

call premium   Kaufoptions-Prämie (Prämie, die der Erwerber einer Kaufoption dem Optionsverkäufer zahlt)

call price   (a) Basispreis einer Kaufoption; (b) Kündigungskurs

call warrants   (a) Optionsscheine, die den Inhaber zum Erwerb von Schuldtiteln des gleichen Emittenten berechtigen; (b) Optionsscheine, die den Inhaber zum Erwerb eines bestimmten Währungsbetrages berechtigen (z.B. → ECU warrant issue)

call writer   Verkäufer einer Kaufoption

Canadian Market Portfolio Index   kanadischer Aktienindex (umfaßt 25 kanadische Standardwerte; Gegenstand eines Aktienindex-Terminkontraktes)

cap   Zinsobergrenze, Zinsbegrenzung nach oben

Bei Caps handelt es sich um börsenfreie Zinsoptionen (→ interest rate options), durch die der Zinssatz zinsvariabler Verpflichtungen nach oben begrenzt werden kann. Unterschieden wird in diesem Zusammenhang zwischen den frei ausgehandelten Caps und den an zinsvariable Schuldtitel gekoppelten Caps, die in der Regel von Bankadressen begeben werden.

Bei den letztgenannten Instrumenten kann die Anleiheschuldnerin (Bank) den Cap zu ihrer eigenen Absicherung behalten oder an einen Dritten verkaufen, der sich im Hinblick auf seine zinsvariablen Verpflichtungen gegen Zinssteigerungs-Risiken absichern will. Im Falle eines Verkaufs kann die Bank mit der vom Käufer des Cap gezahlten Prämie ihre Geldbeschaffungskosten reduzieren. Andererseits muß sie an den Käufer des Cap die Differenz zwischen dem an Libor gebundenen Anleihezins und der Zinsobergrenze zahlen, falls Libor diese Grenze überschreiten sollte.

Bei den frei ausgehandelten Caps garantiert eine Bank, die nicht mit dem kreditgebenden Institut identisch sein muß, einem Schuldner eine Zinsobergrenze. Steigt der Marktzins über diese Grenze, muß die Bank dem Schuldner den Differenzbetrag vergüten.

Vor dem Erwerb des Cap wird der Schuldner zu entscheiden haben, ob der Verzicht auf eine Absicherung oder die Aufnahme eines Festsatzkredites nicht vorteilhafter ist. Dabei wird er sich von der folgenden Maxime leiten lassen: Ist von einem Zinsrückgang oder einem konstanten Marktzins auszugehen, sind zinsvariable Verpflichtungen angezeigt. Zeichnet sich ein klarer Zinssteigerungstrend ab, ist die Umwandlung der variablen Verpflichtungen in eine Festsatzverpflichtung zu empfehlen. Sind jedoch die weitere Zinsentwicklung und/oder die Notwendigkeit einer Kreditaufnahme zu einem späteren

cap

>Zeitpunkt ungewiß, bietet sich der Cap an. Die in Anlehnung an die Optionstheorie ermittelten Kosten des Cap richten sich nach dem Verhältnis zwischen dem Cap-Satz (Basispreis) und dem aktuellen Marktsatz, d.h. für einen engen Cap (enge Anlehnung an den Marktsatz) wird der Cap-Käufer höhere Kosten als für einen weiten Cap (größere Differenz zwischen Cap und Marktsatz) entrichten müssen.
>
>Gegenüber börsengehandelten Zinsoptionen haben die Caps den Vorteil, daß sie auch auf längere Fälligkeiten abgestellt werden können und die Berücksichtigung von Schwankungen des zu sichernden Betrages (z.B. sich amortisierende oder ansteigende Kapitalbeträge) ermöglichen. Sollte sich die für den Erwerb des Cap ausschlaggebende Interessensituation nach Abschluß der Transaktion verändern, kann der Cap in der Regel wieder an den Stillhalter oder am Markt verkauft werden.

cap agreement   Vereinbarung über die Festlegung einer Zinsobergrenze

cap-driven issue   swapinduzierte Kapitalmarkt-Emission

cap fee   Cap-Kosten, Cap-Prämie (Kosten für die Garantie einer Zinsobergrenze)

cap holder   Erwerber eines → Cap

capped floater / capped FRN   zinsvariabler Schuldtitel mit einem Maximalzinssatz

capped Libor level   nach oben begrenzter Libor-Satz

capped perpetual   Schuldtitel ohne Laufzeitbegrenzung, aber mit einem Höchstzinssatz

cap strike rate   Cap-Basispreis (Zinssatz, nach dessen Überschreitung der → Cap geltend gemacht werden kann)

cap writer   Verkäufer eines → Cap

CARS   → certificates of automobile receivables

cascade structure   gestaffelter Provisionssatz (hoher Ausgangssatz, der mit zunehmender Laufzeit geringer wird)

cash bid Übernahmeangebot, das eine Barabfindung der Aktionäre des Zielunternehmens vorsieht

cash currency option / cash forex option Option auf eine Kassadevise (Devisenoption, bei der im Falle einer Optionsausübung die Bereitstellung bzw. Übernahme des zugrunde liegenden Währungsbetrages per Kasse erfolgt)

cash futures arbitrage Arbitragegeschäft, das auf der unterschiedlichen Kursentwicklung von Kassainstrument und korrespondierendem Terminkontrakt basiert (z.B. Kauf eines Treasury Bond und Verkauf eines T-Bond Kontraktes)

cash management Unter diesen Begriff, der in seiner Grundbedeutung mit Gelddisposition oder Liquiditätssteuerung übersetzt werden kann, fallen auch unterschiedliche Service-Angebote in- und ausländischer Geschäftsbanken für Firmen- und Privatkunden.

So kann unter Cash Management der Informations-Service einer Bank für Firmenkunden verstanden werden, der aktuelle Informationen über Kontostände und Kontobewegungen sowie direkte, in der Regel computergestützte Dispositionsmöglichkeiten für die Kunden vorsieht.

Bei anderen Instituten steht der Begriff Cash Management für ein maschinelles Übertragsverfahren von Bankguthaben bzw. Kompensation von Konten bei verschiedenen Filialen der gleichen Bank. Ziel ist eine straffe und gewinnorientierte Steuerung der flüssigen Mittel.

Im Privatkundensektor wird unter Cash Management auch ein umfassendes Service-Paket für vermögende Privatkunden verstanden, das nicht nur allgemeine Kontokorrent- und Kreditfazilitäten sondern auch Anlagen in Geld- und Kapitalmarktpapieren, Lebensversicherungen, etc. vorsieht.

cash-settled contract in Verbindung mit Termin- bzw. Optionskontrakten: Kontrakt, bei dem nur die Differenz zwischen dem ursprünglich kontrahierten Kurs und dem aktuellen Marktpreis zur Auszahlung gelangt (keine physische Erfüllung des Kontraktes)

cash swap Swap, bei dem Tausch und Rücktausch von Währungsbeträgen auf der Basis des gleichen Kassakurses erfolgen

CATS (a) → Certificates of Accrual on Treasury Securities; (b) → computer-assisted trading system

CBOE → Chicago Board Options Exchange (Optionsbörse Chicago)

CBOT → Chicago Board of Trade (größte und älteste Terminbörse der Welt)

CD contract   Terminkontrakt auf → Certificates of deposit

CD facility → Certificate of deposit facility

CD option   (a) Option auf den Erwerb oder Verkauf eines Depositen-Zertifikates (→ Certificates of deposit)
(b) Option auf die Emission von Certificates of deposit

CEDEL   Clearing-Stelle für die Verwahrung und Übertragung von Eurobonds

Certificates of Accrual on Treasury Securities (CATS)   auf der Basis von US-Schatzpapieren emittierte Nullkupon-Papiere

Der Emission dieser Zertifikate liegt in der Regel das folgende Verfahren zugrunde: Eine Investment-Bank erwirbt US-Schatzpapiere, die bei einer Treuhandgesellschaft hinterlegt werden. Diese wiederum emittiert dann Anlagezertifikate in entsprechender Höhe als Nullkupon-Papiere.

Certificates of Automobile Receivables   durch Forderungen aus Kfz - Darlehen unterlegte Schuldtitel

Certificates of deposit   Depositen-Zertifikate, Einlagen-Zertifikate

Certificates of deposit sind an ausländischen Finanzplätzen, speziell in den Vereinigten Staaten, seit langem eingeführt. Da sie in den letzten beiden Jahren als Instrument der Liquiditätsbeschaffung an Bedeutung gewonnen haben (→ certificate of deposit facility) und ihre Einführung in der Bundesrepublik bevorsteht, sollen an dieser Stelle die wichtigsten Merkmale dieser Papiere zusammengefaßt werden:

Unter CDs sind handelbare Geldmarkt-Zertifikate zu verstehen, die von Banken ab US $ 100.000 mit unterschiedlichen Laufzeiten, in der Regel 30-270 Tage, emittiert und bei Fälligkeit zum Nennwert zurückgenommen werden. Ihre Verzinsung liegt in der Regel leicht über der Schatzwechselrate. Es besteht ein reger, durch Händler geführter Sekundärmarkt, über den die Anleger die Papiere zu aktuellen Marktkonditionen wieder verkaufen können.

Die hier erläuterten CDs dürfen nicht mit den gleichnamigen

Papieren verwechselt werden, die ebenfalls von US-Banken
ausgegeben werden, bei denen es sich aber um Sparbriefe bzw.
Sparobligationen mit wesentlich geringeren Nennwerten handelt.

Die Kreditinstitute in der Bundesrepublik haben aufgrund
einer Absprache mit der Bundesbank bisher auf die Ausgabe
von DM-CDs verzichtet. Ihre ablehnende Haltung erklärte die
Bundesbank in der Vergangenheit vor allem mit der Mindestreservefreiheit dieser Instrumente. Zum Zeitpunkt der
Drucklegung zeichnete sich jedoch eine modifizierte Haltung
der Notenbank ab. So erwarten Bankkreise im Zuge einer Neuregelung des Mindestreserve-Instrumentariums für die zweite
Hälfte des Jahres 1986 die Zulassung von DM-CDs durch die
Bundesbank.

Certificate of deposit facility / CD issuance facility Fazilität, die es einer Bank ermöglicht, sich Mittel zu geldmarktnahen Konditionen durch die Emission von certificates
of deposit zu beschaffen.

Im Rahmen einer solchen Fazilität verpflichten sich die
Mitglieder einer Bankengruppe, CDs der kreditnehmenden
Bank jederzeit während der Laufzeit der Fazilität zu übernehmen. Für diese Bereitschaft erhalten die beteiligten
Banken eine Bereitstellungsprovision (commitment fee),
eine jährliche Inanspruchnahme-Provision (drawdown fee)
und eine Provision für den Verkauf der Papiere (issuance fee).

CFTC ⟶ Commodity Futures Trading Commission

churning illegale Broker-Praktiken (Steigerung der Provisionseinnahmen aus einer Kontoverbindung durch eine gezielte
Ausweitung der Transaktionen, die den Interessen des Kunden
zuwiderläuft)

Clearing Association / Clearing House Clearing-Stelle einer
Termin- oder Optionsbörse

Die Clearing-Stelle steht bei jedem Options- bzw. Terminkontraktgeschäft als Mittler zwischen Käufer und Verkäufer,
d.h. Liefer- und Abnahmeverpflichtungen bestehen gegenüber
der Clearing-Stelle.

close, to - out a position   eine Position glattstellen (z.B. eine
Terminkontraktposition durch den Verkauf bzw. Rückkauf eines
erworbenen bzw. leerverkauften Kontraktes oder eine Swap-Position durch den Abschluß eines gegengerichteten Swap-Geschäftes)

closed tender panel   Bietungskonsortium (→ tender panel), das sich
nur aus den underwriting banks der Fazilität zusammensetzt (→ note
issuance facility). Jedes Mitglied des tender panel erhält eine
feste Zuteilungsquote. Die restlichen Titel werden im Rahmen des
üblichen Bietungsverfahrens zugeteilt.

closing out a call (put)   Glattstellung einer Kauf- bzw. Verkaufsoption, Schließung einer Options-Position

club deal   Emission bzw. Syndizierung durch einige wenige große Ge-
schäfts- bzw. Investment-Banken (es wird keine underwriting group
zusammengestellt)

CME   Chicago Mercantile Exchange

CMOs   → collateralised mortgage obligations

CMPI index futures contract   Index-Terminkontrakt auf den
Canadian Market Portfolio Index

co-arranger   Co-Arrangeur (→ arranger)

cocktail swap   Kombination verschiedener Swap-Arten

co-financing   Ko-Finanzierung (gemeinsame Kreditvergabe mit supra-
nationalen Organisationen)

collar   börsenfreie Zinsoption (Zinsbegrenzung nach oben und
nach unten)

Bei dieser Weiterentwicklung eines → Cap wird neben einer Zinsobergrenze auch ein Mindest-Zinssatz (floor) festgelegt,
so daß die variable Zinsverpflichtung des Käufers auf eine Höchst-
bzw. Untergrenze limitiert wird. Gleichzeitig kann der Cap-Käufer
die auf den Cap zu zahlende Prämie verringern, denn während er
einerseits für das Recht zahlt, seinen variablen Zinssatz zu begrenzen, wird er andererseits für seine Garantie eines Mindestzins-
satzes bezahlt.

collateralised mortgage obligations   hypothekenunterlegte Bonds

collateralised S&L offerings   Emissionen von Schuldtiteln mit
Eigenkapitalcharakter durch US-Sparkassen (besichert durch US-
Staatspapiere)

Commercial Paper

Unter Commercial Paper sind kurzfristige Schuldtitel zu verstehen, die von erstklassigen Adressen am US-Geldmarkt begeben werden, und dort ein seit langem bekanntes und bewährtes Finanzierungsinstrument sind.

Nachdem der US CP-Markt von einer steigenden Zahl europäischer Unternehmen in Anspruch genommen wird und sich gleichzeitig das EuroCommercial Paper am Euromarkt durchzusetzen beginnt, sollen an dieser Stelle die wichtigsten Merkmale des CP zusammengefaßt werden:

Die Fälligkeiten liegen in der Regel zwischen 30 und 50 Tagen, obwohl auch Laufzeiten bis zu 270 Tagen keine Seltenheit sind. Die Zinsen werden als Abschlag vom Nennwert gezahlt. Mindeststückelung: in der Regel US $ 250.000.

Die Attraktivität der Titel besteht für den Emittenten zum einen darin, daß er sich über CP-Emissionen kurzfristige Mittel zu einem Zinssatz beschaffen kann, der in der Regel unter der Prime Rate liegt.

Zum zweiten kann er die Laufzeit der Titel auf seine kurzfristigen Finanzierungsbedürfnisse zuschneiden. Umgekehrt können Anleger ihre kurzfristig verfügbaren Überschüsse in Papiere mit Fälligkeiten anlegen, die mit ihren Anlagebedürfnissen korrelieren.

Da es sich beim Commercial Paper um unbesicherte Schuldtitel handelt, werden sie in erster Linie von hochkarätigen Adressen begeben, d.h. Schuldnern, denen von einer der großen → Rating Agencies die höchste Bonitätsstufe zuerkannt wurde.

Andererseits können auch weniger bekannte Adressen CP mit einem entsprechenden Rating begeben, wenn sie in Verbindung mit der Emission die Garantie (letter of credit) einer großen Geschäftsbank oder Versicherungsgesellschaft zur Verfügung stellen können.

commercial paper cap Zinsobergrenze (Maximal-Zinssatz) für eine CP-Emission

commercial paper dealer agreement   Vertrag zwischen dem Emittenten und der Händlerfirma, die mit der Distribution bzw. Plazierung der Titel beauftragt wurde

commercial paper futures contract   Terminkontrakt auf Commercial Paper

commercial paper swap   Tausch der Zinsverpflichtungen aus einer CP-Emission (Ziel des Swaps aus der Sicht des Emittenten ist die Umwandlung der variablen Zinsverpflichtungen in Festsatzverbindlichkeiten)

committed facility   Fazilität, die durch die →backstop bzw. → backup facility einer Bank unterlegt ist

committed tender panel   Bietungskonsortium (→ tender panel), bei dem sich die federführende Bank (tender panel agent) bereits vor dem Bietungsverfahren zur Übernahme eines bestimmten Prozentsatzes der Emission verpflichtet hat

Commodity Futures Trading Commission   US-Aufsichtsbehörde für den Terminhandel

computer-assisted trading system   rechnergestütztes Börsen-Handelssystem

conditioned loan   konditionierter (mit Auflagen versehener) IWF-Kredit

contingent interest rate swap   Option auf Ausübung eines Zins-Swaps (d.h. eine Swap-Partei ist berechtigt, aber nicht verpflichtet, einen Zins-Swap zu einem bestimmten Zeitpunkt vorzunehmen)

continuous tender panel   Variante eines Bietungskonsortiums (→ tender panel), bei dem jedes Mitglied bis zur Höhe seiner Übernahmequote jederzeit Papiere zu dem vom tender panel agent genannten Konditionen übernehmen kann. Die Konditionen werden fortlaufend der Anlegernachfrage angepaßt.

contract clearing   Abrechnung (Abwicklung) eines Termin- oder Optionskontraktes

conversion Arbitragegeschäft, das auf Optionen und Terminkontrakten basiert (Verkauf einer Kaufoption und Erwerb einer Verkaufsoption zum gleichen Basispreis sowie Eröffnung einer Kaufposition am Terminkontraktmarkt)

convertible floating rate note zinsvariabler Schuldtitel mit Wandlungsrechten

converts Wandelschuldverschreibungen

corporate ECU bond in ECU denominierter Industrie-Schuldtitel

corporate Euronotes von Industrieadressen begebene → Euronotes

corporate IOU → commercial paper

corporate minimax zinsvariabler Industrie-Schuldtitel mit Zinsbegrenzung nach oben und unten

corporate name Industrieadresse; Emittent, bei dem es sich um ein Industrieunternehmen handelt

corporate option writing Optionsverkauf durch Unternehmen

corporate raid überfallartiger Versuch einer Firmenübernahme (ohne Zustimmung des Managements des Zielunternehmens)

corporate settlement Regulierung eines Wertpapiergeschäftes fünf Geschäftstage nach dem Ausführungstag

corpus bond → principal issue

countdown floater zinsvariabler Schuldtitel, bei dem sich die Aufschläge auf den Referenz-Zinssatz jährlich verringern

country rating Länder-Rating; bonitätsmäßige Einstufung eines Landes als Kreditnehmer

coupon issue als Nullkupon-Papiere verkaufte bzw. gehandelte Zinsscheine (sind aus der Trennung von Mantel und Zinsscheinen eines Schuldtitels hervorgegangen; → stripped Treasury zero bond)

coupon spread   Aufschlag auf den Referenz-Zinssatz (ergibt in Verbindung mit diesem Satz die Verzinsung eines zinsvariablen Kredites bzw. Schuldtitels)

coupon swap   Zins-Swap

covenants   im Kreditgeschäft: Kreditvertragsklauseln, die Auflagen für den Kreditnehmer enthalten, z.B. Beachtung betriebswirtschaftlicher Kennzahlen, restriktive Dividendenpolitik, etc.

covered option writing   Verkauf gedeckter Optionen, d.h. der Optionsverkäufer befindet sich entweder im Besitz des Basisobjektes oder er hat ein Gegensicherungsgeschäft abgeschlossen

covering currency exposure in the options market   Absicherung von Währungsrisiken durch den Kauf oder Verkauf von Devisenoptionen

cover requirements   in Verbindung mit Termin- bzw. Optionskontrakten: Deckungserfordernisse, Sicherheitsleistungen, Einschußzahlungen

CPI futures contract   Terminkontrakt auf den US-Verbraucherpreisindex

cross currency interest rate swap   kombinierter Zins- und Währungs-Swap (bei diesem Swap werden feste und zinsvariable Währungspositionen getauscht, d.h. die Partner erhalten die benötigten Fremdwährungsmittel auf der gewünschten Zinsbasis)

cross hedge   Sicherung einer Kassa- bzw. Grundposition durch einen Terminkontrakt, der auf einer unterschiedlichen, aber preisverwandten Basisgröße beruht

CSCE   Coffee Sugar & Cocoa Exchange New York   Waren-Terminbörse (offeriert auch Kontrakte auf Finanztitel, in erster Linie Kontrakte auf Indizes, z.B. auf den Verbraucherpreis-Index, den Index der Unternehmensgewinne)

CTP → continuous tender panel

currency asset-liability mismatch   Inkongruenz zwischen Fremdwährungsguthaben und Fremdwährungs-Verbindlichkeiten

currency call option Devisen-Kaufoption (→ currency option)

currency contract → currency futures contract

currency coupon swap → cross currency interest rate swap

currency exposure Währungsrisiko

currency futures contract Devisen-Terminkontrakt

D e f i n i t i o n

Bei einem Devisen-Terminkontrakt handelt es sich um die Verpflichtung, einen Währungsbetrag zu einem bestimmten Zeitpunkt zu einem vereinbarten Kurs zu kaufen oder zu verkaufen. In der Regel wird ein Kontrakt jedoch physisch nicht erfüllt, d.h. die Transaktion wird vor oder zum Liefertermin durch den Verkauf eines erworbenen Kontraktes oder durch den Rückkauf eines leerverkauften Kontraktes glattgestellt.

T r a d e r ,   S p r e a d e r ,   H e d g e r

Wie bei allen Kontrakten auf Finanztitel, stehen sich auch am Devisen-Terminkontraktmarkt Trader, Spreader und Hedger gegenüber. Bei einem Trader handelt es sich um einen spekulativ eingestellten Marktteilnehmer, der mit einer bestimmten Kursentwicklung rechnet und sich aus der Übernahme offener Risikopositionen Gewinne erhofft.

Dabei wird er sich von der folgenden Maxime leiten lassen: Ist eine Abschwächung des Dollar gegenüber einer Fremdwährung (z.B. der D-Mark) zu erwarten, erwirbt er in dieser Währung denominierte Kontrakte (z.B. DM-Kontrakte). Rechnet er hingegen mit einer Befestigung des Dollar, verkauft er entsprechende Fremdwährungs-Kontrakte.

Beispiel: Ende September 85 sah ein Marktteilnehmer bei einem US $/DM Wechselkurs von $ 0.3690 bzw. DM 2,71 die US-Valuta in den folgenden Monaten weiter gegenüber der Mark fallen. Er erwarb daher am 25.9.85 am London International Financial Futures Exchange 10 März-DM-Kontrakte, die zu diesem Zeitpunkt mit $ 0.3738 quotiert wurden.

In den folgenden Monaten verlor der Dollar in der Tat an Wert. Da diese Wertminderung andererseits einen Anstieg des DM-Kontraktkurses auslöste, konnte er die Kontrakte Anfang März 86 zu $ 0.4503 verkaufen. Auf dieser Basis ergab sich für ihn der folgende Gewinn:

currency futures contract

765 Punkte (Verkauf zu 4503 - Kauf zu 3738) x $ 12.50 (Wert eines Punktes) x 10 (Anzahl der Kontrakte) = US $ 95.625 bzw. DM 212.287.

In der Regel wird der Erwerber oder Verkäufer eines Kontraktes bei Abschluß der Transaktion nicht den vollen Marktpreis entrichten, sondern nur einen bestimmten Prozentsatz des Kontraktwertes als Einschuß (initial margin) hinterlegen. Die Höhe des initial margins ergibt sich aus den jeweiligen Börsenbestimmungen (z.B. US $ 1500). Erfolgen Kauf oder Verkauf der Kontrakte über einen Broker, erhöhen sich die Börsen-Margins um das Zwei- bis Dreifache (→ margin).

Zur Gruppe der Trader können auch die Spreader gezählt werden, die durch den gleichzeitigen Erwerb und Verkauf von Terminkontrakten (intracurrency oder intercurrency spreads) geringe relative Preisschwankungen zwischen identischen oder verwandten Kontrakten zu arbitrieren versuchen.

Intracurrency spreads basieren auf dem gleichzeitigen Kauf und Verkauf von Kontrakten in der gleichen Währung aber mit unterschiedlichen Liefermonaten. Bei den intercurrency spreads hingegen werden Kontrakte ge- und verkauft, die in unterschiedlichen Währungen denominiert sind. Geht der Spreader z.B. von der Erwartung aus, daß sich der Schweizer Franken stärker als die D-Mark gegenüber dem Dollar befestigen wird, kauft er einen Sfr.-Kontrakt und verkauft gleichzeitig einen DM-Kontrakt.

Unter den Hedgern schließlich sind Marktteilnehmer zu verstehen, die geschäftsbedingte Währungsrisiken durch Terminkontrakte abdecken. So werden zum Beispiel DM-Kontrakte von Unternehmen erworben, die im März 86 fällige Grundpositionen bereits im September 85 gegen einen Wertverlust des Dollar absichern möchten. Dabei kann es sich um ein deutsches Unternehmen handeln, das für März einen Dollar-Zahlungseingang erwartet, oder um ein US-Unternehmen, das die Rechnung für in der Bundesrepublik gekaufte Ausrüstungsgüter im März in D-Mark begleichen muß.

Die hedgenden Unternehmen erwerben in diesem Fall im September 85 eine der zu sichernden Grundposition entsprechende Anzahl von DM-Kontrakten, wobei das deutsche Unternehmen die folgende Umrechnung vornehmen muß:

Der erwartete Dollar-Zahlungseingang, z.B. 1 Mio Dollar, wird durch den Dollar-Gegenwert des gehandelten DM-Kontraktes (DM 125.000 x 0.3690 = $ 46.125) dividiert.

$ 1.000.000 : $ 46.125 = 21,68 bzw. 22 Kontrakte

currency futures contract

Nachdem der Wertverlust des Dollar gegenüber der D-Mark wie erwartet eintrat, waren die bei Fälligkeit der Grundpositionen im März erforderlichen Transaktionen am Kassamarkt mit einem geringeren DM-Erlös für das deutsche Unternehmen und höheren DM-Ankaufskosten für das US-Unternehmen verbunden. Dieser Opportunitätsverlust wurde jedoch weitgehend durch den eingangs aufgezeigten Wertzuwachs der Terminkontraktposition ausgeglichen.

Mit dem Ende Januar 86 am London International Financial Futures Exchange eingeführten Dollar/Mark-Kontrakt wurde die Absicherung von Dollar-Positionen für deutsche Marktteilnehmer wesentlich vereinfacht. Im Gegensatz zu den herkömmlichen, in Dollar quotierten DM-Kontrakten (Kontraktgröße DM 125.000), die die vorstehend aufgezeigte Umrechnung erforderlich machten, ist der neue Kontrakt in Dollar denominiert (Kontraktgröße US $ 50.000). Die Quotierung hingegen erfolgt in D-Mark.

currency index futures contract Terminkontrakt auf einen Währungsindex (→ dollar trade-weighted index futures contract)

currency option Devisenoption, Währungsoption

Bis Anfang der achtziger Jahre war das Devisen-Termingeschäft das traditionelle Kurssicherungsinstrument. Angesichts der extremen Wechselkurs-Volatilität der letzten Jahre erweist sich die neu entwickelte Devisenoption als ein wesentlich flexibleres Instrument, ist doch mit ihr das Recht, aber nicht die Verpflichtung verbunden, einen bestimmten Währungsbetrag zu einem vereinbarten Kurs (Basispreis, strike price) innerhalb eines festgelegten

currency option

Zeitraumes oder zu einem vereinbarten Endfälligkeitstermin zu kaufen (call option) oder zu verkaufen (put option). In der Regel kann der Optionserwerber zwischen unterschiedlichen Basispreisen (S. 32) wählen.

Der Erwerber einer Devisenoption kann sich somit gegen Währungsrisiken absichern, ohne daß er auf die Vorteile aus einer für ihn günstig verlaufenden Kursentwicklung verzichten muß. Bietet der Markt bei Fälligkeit günstigere Kassakurse, wird er auf sein Optionsrecht verzichten und die Option verfallen lassen. Sein Verlust beschränkt sich auf die gezahlte Prämie. Sollte sich die Absicherung während der Laufzeit erübrigen, kann der Optionserwerber im Falle einer börsennotierten Option den Kontrakt zum aktuellen Marktkurs wieder veräußern.

Grundsätzlich ist bei Devisenoptionen zwischen den börsengehandelten Optionen (Exchange-traded bzw. listed options) und den börsenfreien Optionen (OTC options) zu unterscheiden.

E i n s a t z m ö g l i c h k e i t e n

Devisenoptionen können immer dort als Kurssicherungsinstrumente eingesetzt werden, wo in Fremdwährungen denominierte Forderungen und Verbindlichkeiten Wechselkursrisiken ausgesetzt sind.

Beispiele: Ein deutsches Unternehmen erwartete für März 86 einen Zahlungseingang in Höhe von 5 Mio US Dollar. Um sich bereits im September 85 gegen einen zwischenzeitlichen Kursverfall des Dollar abzusichern, erwarb der Finanzchef eine OTC Option zum Verkauf von US Dollar. Bei der Festlegung des Basispreises orientierte man sich an dem Kassakurs, der Ende September mit DM 2,71 bzw. $ 0.3690 quotiert wurde.

Zum Zeitpunkt des Eingangs der Dollar-Zahlung hatte sich die US-Währung auf DM 2,24 bzw. $ 0.4464 abgeschwächt. Das Unternehmen übte aufgrund dieser Wechselkurssituation seine Option aus, d.h. der Stillhalter (Optionsverkäufer) mußte den Dollarbetrag zu DM 2,71 übernehmen.

Im umgekehrten Fall hatte ein deutsches Unternehmen im September 85 in den Vereinigten Staaten Ausrüstungsgüter erworben. Der Dollar-Rechnungsbetrag wurde im März 86 zur Zahlung fällig. Da man aufgrund der in den Vormonaten erfolgten Abschwächung der US-Devise mit keiner weiteren Wertminderung rechnete, erwarb das Unternehmen eine Option zum Kauf von US Dollar zu DM 2,80, um sich auf diese Weise gegen einen möglichen Wertzuwachs des Dollar gegenüber der Mark abzusichern.

currency option

Nachdem sich die Wechselkurssituation konträr zu diesen Erwartungen entwickelte, ließ das Unternehmen einige Monate später die Option verstreichen und deckte sich am Markt zu dem wesentlich günstigeren Kassakurs ein.

Neben den in diesen Grundbeispielen aufgezeigten Einsatzmöglichkeiten, bieten sich Devisenoptionen vor allem in Verbindung mit Ausschreibungen im Ausland an. Hier ist die Ausschaltung der Wechselkursschwankungen, die in den langen Zeiträumen zwischen Angebot, Lieferung und Zahlung auftreten können, von besonderer Bedeutung. Das sich in diesem Zusammenhang als Kurssicherungsalternative anbietende Termingeschäft hat den Nachteil, daß das bietende Unternehmen später die Währungsverpflichtungen aus den Verträgen erfüllen muß, unabhängig davon, ob es den Zuschlag erhalten hat oder nicht.

Devisenoptionen können schließlich auch ein attraktives Kurssicherungsinstrument für private Anleger sein. So kann sich ein Anleger, der in absehbarer Zeit umfangreiche Dollarguthaben bzw. Rückzahlungen aus US-Anleihen in DM konvertieren muß, mit dem Erwerb von börsennotierten DM-Kaufoptionen oder einer OTC Dollar-Verkaufsoption gegen einen Mindererlös absichern.

Optionsverkäufer

Neben den Optionsbörsen treten in erster Linie Banken als Verkäufer von Devisenoptionen auf, da die Kreditinstitute immer noch die bevorzugten Adressen bei Kurssicherungswünschen sind. Die Banken decken ihr Risiko entweder durch eine gegengerichtete Optionsposition ab (Erwerb eines entsprechenden Kontraktes an der Optionsbörse) oder sie akzeptieren zunächst eine offene Position und decken sich gegebenenfalls später per Termin ein.

Inzwischen haben auch multinationale Unternehmen die Vorteile eines Verkaufs von Devisenoptionen entdeckt. So kann zum Beispiel der Verkauf von Dollar-Kaufoptionen für eine international operierende Gruppe interessant sein, die über hohe Dollarbestände verfügt und ihren Ertrag aus diesen Guthaben durch die ihr als Stillhalter zu zahlenden Prämien optimieren will.

Das Risiko liegt für das Unternehmen in der Kursentwicklung. Kommt es während der Optionsfrist zu einem deutlichen Anstieg des Kassakurses gegenüber dem Basispreis, wird das Unternehmen den Währungsbetrag zu dem niedrigeren Basispreis bereitstellen müssen und nicht mehr von dem Kursanstieg profitieren können.

currency option

Ausstattungsmerkmale der börsengehandelten Optionskontrakte

Wie eingangs erwähnt, unterscheidet man zwischen den sogenannten OTC (over-the-counter) options, d.h. Optionen, die Banken ihren Kunden verkaufen und auf deren individuellen Kurssicherungsbedürfnisse zugeschnitten sind, und den Exchange-traded bzw. listed options, die in Form standardisierter Kontrakte an Optionsbörsen gehandelt werden.

Zu differenzieren ist ferner zwischen den Options on cash, denen eine physische Devisenmenge zugrunde liegt, und den Options on futures, bei denen im Falle einer Ausübung der Stillhalter einen Devisen-Terminkontrakt zum vereinbarten Basispreis bereitstellt bzw. übernimmt. Diese Terminkontraktposition wird entweder sofort oder später durch ein korrespondierendes Gegengeschäft geschlossen (→ option on futures).

Kontrakte sind in Pfund Sterling, Deutsche Mark, Yen, kanadischer Dollar, FF, Schweizer Franken denominiert. Gegenwert ist jeweils der US Dollar, in dem auch die Basispreise und Prämien quotiert werden (Gegensatz: → European quotation). Die Quotierungen können über verschiedene elektronische Informationssysteme abgerufen werden. Sie werden ferner in den großen Finanzzeitungen veröffentlicht.

Für Optionen auf DM-Termine (Kontrakteinheit: DM 125.000) des Chicago Mercantile Exchange wurden am 27.1.86 bei einem $/DM Kassakurs von 41.58 cents pro DM die folgenden Prämien und Basispreise quotiert:

Basispreis	Kaufoptionen auf den			Verkaufsoptionen auf den		
	März-K	Juni-K	Sept.-K	März-K	Juni-K	Sept.-K
		Prämien			Prämien	
40	1.95	2.56	3.04	0.09	0.38	0.55
41	1.12	1.84	2.35	0.25	0.65	0.85
42	0.53	1.27	1.79	0.65	1.05	1.24
43	0.22	0.84	1.34	1.33	1.60	1.72
44	0.05	0.53	0.96	-	2.23	2.30

Die genannten Basispreise entsprechen DM/$ Kursen von 2,50; 2,4390; 2,3809; 2,3256; 2,2727.

currency option

Zum Vergleich die Quotierungen für Optionen auf die Kassadevise (Kontrakteinheit: DM 62.500) des Philadelphia Stock Exchange:

Basispreis	Kaufoptionen für den Verfallmonat		Verkaufsoptionen für den Verfallmonat	
	März	Juni	März	Juni
41	1.13	1.82	0.30	0.70
42	0.55	1.29	0.78	-
43	0.26	0.88	-	1.74

Basispreise und Prämien verändern sich in dem Umfang, wie der Kassakurs der der Option zugrunde liegenden Währung gegenüber dem Dollar steigt oder fällt.

Ausschlaggebend für die Wahl des Basispreises sind die Risikobereitschaft des Optionserwerbers und seine Erwartungen hinsichtlich der weiteren Entwicklung der jeweiligen Währungsrelationen.
Bei seinen Überlegungen wird der Optionserwerber davon ausgehen, daß er aus erworbenen Kontrakten nur dann einen Gewinn erzielt, wenn zum Zeitpunkt der Optionsausübung bzw. des Verkaufs des Kontraktes der Basispreis einer Kaufoption unter dem aktuellen Kassakurs und der einer Verkaufsoption über dem Kassakurs liegt und die Differenz höher als die Prämienzahlung ist. Werden diese Voraussetzungen bei einer Option erfüllt, spricht man von einer in-the-money option.

Liegt hingegen der Basispreis bei einer Kaufoption über dem aktuellen Kassakurs und bei einer Verkaufsoption unter dem Kassakurs, spricht man von einer out-of-the money option, d.h. die Optionsausübung wäre mit einem Verlust für den Optionsinhaber verbunden. Börsengehandelte out-of-the money options werden von Marktteilnehmern in der Hoffnung erworben, daß sie vor ihrem Verfall an Wert gewinnen und mit Profit wieder verkauft werden können. Entspricht der Basispreis dem Kassakurs oder liegt er in dessen Nähe, spricht man von einer at-the-money option.

Die Prämien, die die Optionserwerber den Verkäufern der Optionen (Stillhaltern) zahlen, schwanken in der Regel zwischen 1 und 5 % und ergeben sich aus einer Reihe unterschiedlicher Faktoren:
Nähe des gewählten Basispreises zum aktuellen Kassakurs bzw. Marktpreis, Volatilität des zugrunde liegenden Marktes, Restlaufzeit des Kontraktes. Neben diesen technischen Komponenten sind die Erwar-

currency option

tungen hinsichtlich der weiteren Kursentwicklung sowie Angebot und Nachfrage ausschlaggebend. Ferner ist zu berücksichtigen, daß die Optionsprämien mit der Laufzeit der Kontrakte steigen.

Die Laufzeiten der Kontrakte betragen 3,6,9 und 12 Monate, wobei die Fälligkeiten jeweils auf einen Quartalsendmonat fallen. Im Hinblick auf die Ausübung der Optionen ist zwischen sogenannten American und European options zu unterscheiden. Bei den American options kann die Option jederzeit während einer bestimmten Frist ausgeübt werden. Bei den European options hingegen ist die Ausübung nur zu einem vereinbarten Endfälligkeitstermin bzw. am letzten Handelstag vor dem Verfall der Option möglich.

Käufe und Verkäufe von börsengehandelten Optionskontrakten erfolgen in der Regel über Brokerhäuser. Von einigen wenigen Ausnahmen abgesehen, sind Einschußzahlungen (margins) nur durch die Verkäufer von ungedeckten Optionskontrakten zu entrichten. Für den DM-Optionskontrakt des Philadelphia Stock Exchange gelten z.B. die folgenden Mindest-Einschüsse: → at oder in-the-money options - 130 % der jeweiligen Optionsprämie plus $ 750; out-of-the money options - 130 % der jeweiligen Optionsprämie, abzüglich der Summe, um die die Option out-of-the money ist.

Da börsennotierte Kauf- und Verkaufsoptionen handelbar sind, können sie jederzeit zu den geltenden Marktpreisen bzw. Optionsprämien verkauft bzw. zurückgekauft werden. Die Optionskontrakte werden von der Clearing-Stelle der Optionsbörse gegeneinander aufgerechnet, so daß keine physische Erfüllung der Kontrakte erfolgen muß. In der Tat werden die meisten Optionspositionen vor ihrem Auslauftermin geschlossen, um entweder einen erzielten Wertzuwachs zu realisieren oder Verluste zu begrenzen.

Zentren des börsenmäßigen Optionshandels sind in den Vereinigten Staaten der Philadelphia Stock Exchange (PHLX), der Chicago Board Options Exchange (CBOE) und der International Monetary Market des Chicago Mercantile Exchange (CME). In Europa konzentriert sich der Handel auf den London International Financial Futures Exchange (LIFFE), London Stock Exchange (LSE) und den European Options Exchange (EOE), Amsterdam.

Der wichtigste Unterschied zwischen den Optionen des PHLX anererseits und den CBOE- und CME-Optionen andererseits, liegt in der Kontraktgröße, d.h. die Optionskontrakte der beiden letztgenannten Börsen sind doppelt so groß (DM 125.000; Sfr. 125.000; £ 25.000; ¥ 12.5 Mio). Im Hinblick auf die Ausübung ist ferner currency option

zu beachten, daß es sich bei den PHLX-Optionen um American options, bei den Optionen des CBOE hingegen um European options handelt.

Für deutsche Marktteilnehmer bietet sich neben den DM-Kontrakten der US-Börsen und der beiden Londoner Börsen auch die Dollar/Mark-Option des London International Financial Futures Exchange an, bei der die Quotierungen für Basispreise und Prämien nicht wie üblich in Dollar per D-Mark, sondern in D-Mark je Dollar erfolgen (Basispreise: z.B. DM 2,45; 2,50; 2,55; 2,60).

Optionserwerb durch spekulativ eingestellte Marktteilnehmer

Ein Währungsspekulant wird sich beim Erwerb von Devisenoptionen von der folgenden Maxime leiten lassen: Ist eine Wertminderung des Dollar gegenüber einer anderen Währung zu erwarten, wird er in dieser Währung denominierte Kaufoptionen erwerben, d.h. der Marktteilnehmer, der von einem Wertverlust der US-Valuta gegenüber der Mark ausgeht, erwirbt DM-Kaufoptionen. Umgekehrt wird er DM-Verkaufsoptionen erwerben, wenn er von einer starken Befestigung der US-Devise gegenüber der D-Mark ausgeht.

Beispiel: Ein Marktteilnehmer sah Ende August 85 den Dollar-Kurs gegenüber der D-Mark weiter fallen. Er erwarb am Philadelphia Stock Exchange 10 Dezember-DM-Kaufoptionen (Kontraktgröße: DM 62.500) auf der Grundlage eines Basispreises von 36 ($ 0.36 bzw. DM 2,77). Da die Prämie für die Dezember-Kaufoption mit 1,26 cents quotiert wurde, belief sich sein Prämienaufwand auf US $ 7875 (DM 62500 x $ 0.0126 x 10).

Im Dezember hatte sich der Dollar auf DM 2,51 zurückgebildet, so daß er die Kaufposition zu einem Basispreis von 40 glattstellen konnte. Bringt man von den 4 Cents (Differenz zwischen Kauf und Verkauf) die Prämie in Höhe von 1,26 Cents in Abzug, ergibt sich der folgende Gesamtgewinn aus dieser Position:

DM 62500 (Kontraktgröße) x $ 0.0274 ($0.0400 - $ 0.0126) x 10 (Anzahl der Kontrakte) = US $ 17125.

Dieses Beispiel verdeutlicht den großen Vorteil der Devisenoptionen. Der Gewinn des Optionserwerbers ist unbegrenzt, d.h. er wird allein durch den Wertzuwachs der D-Mark gegenüber dem Dollar bestimmt. Im Falle einer konträr zu den Erwartungen ver-

currency option

laufenden Marktentwicklung ist der Verlust auf die gezahlte Optionsprämie begrenzt. Dieser Vorteil des begrenzten Risikos gilt jedoch nur für den Optionserwerber.

S p r e a d s   u n d   S t r a d d l e s

Neben der Eröffnung von Kauf- oder Verkaufspositionen können Marktteilnehmer auch kombinierte Optionspositionen eröffnen, d.h. Optionskontrakte gleichzeitig kaufen und verkaufen. bei diesen als Spreads oder Straddles bezeichneten Optionsstrategien nehmen Marktteilnehmer wohl eine Begrenzung ihrer Gewinnchancen in Kauf, können aber andererseits ihren Prämienaufwand und somit das Optionsrisiko reduzieren.

Bei der Grundform eines Option-Spreads kommt es zum gleichzeitigen Kauf und Verkauf eines Optionskontraktes der gleichen Kategorie (also zum gleichzeitigen Kauf und Verkauf einer Kaufoption oder gleichzeitigen Kauf und Verkauf einer Verkaufsoption), wobei die ge- und verkauften Kontrakte über unterschiedliche Basispreise und/oder Laufzeiten verfügen.

Je nachdem, ob ein Marktteilnehmer im Hinblick auf die zugrunde liegende Währung auf Hausse oder Baisse setzt, ist zwischen Hausse/Baisse-Spreads mit Kaufoptionen (bull/bear call spreads) oder Hausse/Baisse-Spreads mit Verkaufsoptionen (bull/bear put spreads) zu unterscheiden:

Bei einem Hausse-Spread mit Kaufoptionen erwirbt der Marktteilnehmer eine Kaufoption, deren Basispreis unter dem der gleichzeitig verkauften Kaufoption liegt. Sein maximaler Gewinn ergibt sich aus dem Unterschied zwischen dem höheren und dem niedrigeren Basispreis, abzüglich des Saldos aus der gezahlten und der vereinnahmten Prämie.

Eine Variante des Option-Spreads sind die sogenannten Option-Straddles, bei denen es zum gleichzeitigen Kauf einer Kauf- und Verkaufsoption (buying a straddle / long straddle) oder dem gleichzeitigen Verkauf einer Kauf- und Verkaufsoption (selling a straddle / short straddle) kommt.

So bietet sich der gleichzeitige Erwerb einer Kauf- und Verkaufsoption mit identischen Basispreisen und Verfallmonaten bei einer hohen Volatilität der Wechselkurse bzw. bei widersprüchlichen Aussagen über die weitere Kursentwicklung an.

currency option

Kommt es zu starken Kursausschlägen nach oben oder nach unten, wird der Straddle-Käufer von seiner Straddle-Position profitieren, d.h. der aus einer Position erzielte Gewinn wird die gesamten Prämienkosten übersteigen. Treten keine nennenswerten Veränderungen ein, beschränkt sich sein Verlust auf die gezahlten Prämien.

Umgekehrt kann bei einer geringen Volatilität der gleichzeitige Verkauf einer Kauf- und Verkaufsoption von Vorteil sein. Bleibt der Wechselkurs wie erwartet stabil, d.h. wird keine der beiden Optionen ausgeübt, kann der Straddle-Verkäufer die beiden vereinnahmten Prämien als Gewinn verbuchen. Sein Risiko besteht darin, daß bei unerwarteten Kursausschlägen und einer sich daraus ergebenden Optionsausübung ein Verlust entsteht, der die Prämieneinnahmen übersteigt.

Börsenfreie und börsengehandelte Devisenoptionen im Vergleich

Die Vorteile der börsengehandelten Optionen (exchange-traded options) ergeben sich vor allem aus der Tatsache, daß sie problemlos gehandelt und jederzeit glattgestellt werden können. Ihre Nachteile sind in der Standardisierung und der damit verbundenen laufzeit- und betragsmäßigen Begrenzung der Kontrakte zu sehen, d.h. Unternehmen, deren zu sichernde Grundpositionen eine Laufzeit von weniger als einem Monat oder mehr als zwölf Monaten aufweisen, sind auf die von Finanzinstituten verkauften börsenfreien Optionen (OTC options) angewiesen.

Ein weiteres Negativum sind die umfangreichen Deckungserfordernisse bzw. Einschußzahlungen (margins), die die Verkäufer der börsengehandelten Optionen hinterlegen müssen.

Bei OTC options hingegen sind keine Einschußzahlungen zu leisten. Zudem können diese Instrumente im Hinblick auf Laufzeit und Betrag auf die Wünsche bzw. den genauen Kurssicherungsbedarf der Kunden zugeschnitten werden. Der Erwerb der OTC options ist jedoch mit einem größeren Zeitaufwand verbunden und bei ihrer vorzeitigen Veräußerung bzw. Abtretung muß die Zustimmung des Optionsverkäufers eingeholt werden. Ferner muß der Erwerber einer OTC option in der Regel über eine Kreditlinie bei der die Option verkaufenden Bank verfügen.

currency swap   Währungs-Swap

Definition

Bei einem Währungs-Swap kommt es zu einem Tausch von Kapitalbeträgen in unterschiedlichen Währungen, einschließlich der damit verbundenen Zinszahlungen. Der Rücktausch erfolgt am Fälligkeitstag zu dem ursprünglich vereinbarten Kurs.

Die nachstehend erläuterten Währungs-Swaps, die nicht mit den von der Bundesbank zur Stabilisierung des inländischen Geldmarktes eingesetzten Devisen-Swaps verwechselt werden dürfen, entwickelten sich aus den Parallelkrediten bzw. Back-to-back Transaktionen der siebziger Jahre.

Grundbeispiel

Eine erstklassige Adresse in der Bundesrepublik (A) benötigt US Dollar 20 Mio, kann sich aber aufgrund ihres geringen Bekanntheitsgrades am US-Kredit- oder Kapitalmarkt nur zu ungünstigen Konditionen verschulden. Eine Adresse in den USA (B) hingegen hat Zugang zu günstigen Dollar-Geldern, sucht aber einen entsprechenden DM-Betrag. Unter Zugrundelegung eines DM/$ Kurses von 2,50 zu 1 ergibt sich die folgende Transaktion:

A begibt eine 6 %ige DM-Anleihe in Höhe von DM 50 Mio und B eine 9 %ige Dollar-Anleihe über US $ 20 Mio. Anschließend swappen sie die aufgenommenen Gelder am Kassamarkt in die gewünschte Währung, d.h. A übernimmt von B US $ 20 Mio, während B von A DM 50 Mio erhält.

Gleichzeitig vereinbaren sie, daß die Bedienung der Zinsverpflichtungen aus den ursprünglich aufgenommenen Geldern durch den jeweils anderen Partner erfolgt, d.h. A zahlt an B jährlich US $ 1.8 Mio, während B an A eine jährliche Zinszahlung in Höhe von DM 3 Mio leistet. Die erhaltenen Beträge verwenden beide Parteien zur Bedienung ihrer jeweiligen Anleiheverpflichtungen. Bei Fälligkeit kommt es zu einem Rücktausch der Kapitalbeträge zum ursprünglich vereinbarten Kurs.

Einsatzmöglichkeiten

Über Währungs-Swaps erhalten Kreditnehmer Zugang zu ausländischen Kredit- und/oder Kapitalmärkten, die ihnen aufgrund ihres geringen Bekanntheitsgrades oder einer zu niedrigen bonitätsmäßigen Einstufung ansonsten verschlossen sind.

Nicht immer sind die Vereinfachung der Kreditaufnahme bzw. die verbilligte Mittelbeschaffung für den Swap ausschlaggebend. So

currency swap

können über Swap-Transaktionen auch Kreditengagements bzw. Anleiheverpflichtungen in einer Fremdwährung verringert werden, wenn eine Wertsteigerung dieser Fremdwährung gegenüber der Inlandswährung des Schuldners zu erwarten ist.

Über kombinierte Zins- und Währungs-Swaps können Schuldner schließlich ihre Finanzierungskosten senken und ihre Fremdmittelaufnahmen diversifizieren. Diese Möglichkeit hat in den letzten Jahren vor allem die Weltbank genutzt. Als erstklassige Adresse konnte sie Dollar-Anleihen zu den allerbesten Konditionen an den Anleihemärkten begeben. Indem sie die Anleiheerlöse in Währungen mit stabilen Wechselkursen und niedrigen Zinsen swappte, konnte sie die Last der hohen US-Dollar-Zinsen mildern.

Für Banken ist der Währungs-Swapmarkt in zweifacher Hinsicht von Bedeutung. Zum einen können sich die Kreditinstitute langfristige Mittel in der gewünschten Währung zu günstigen Konditionen beschaffen und somit währungs- und laufzeitkongruente Refinanzierungen ihrer eigenen Fremdwährungs-Ausleihungen sicherstellen. Zum zweiten bringen die Banken swapwillige Partner entweder als Arranger oder als Intermediary zusammen.

Als Arranger vermittelt die Bank einen Swap zwischen zwei Partnern, ohne selbst ein Risiko zu übernehmen. Ihre Tätigkeit beschränkt sich auf die Beratung der Parteien bei der Vertragsgestaltung. Als Intermediary hingegen wird die Bank Vertragspartner, d.h. sie schließt separate Verträge mit zwei Partnern.

Legt man die Interessenlage des Grundbeispiels zugrunde, würde A der Swap-Bank D-Mark zur Verfügung stellen und Dollar erhalten. B hingegen würde Dollar an die Bank transferieren und D-Mark erhalten. Am Ende der Laufzeit des Swap-Kontraktes würden die Rücktausch-Transaktionen mit der Bank zum ursprünglich vereinbarten Kurs erfolgen. Während der Laufzeit des Swaps übernehmen A und B die Bedienung der Zinsverpflichtungen auf die ihnen zur Verfügung gestellten Beträge.

S w a p - R i s i k e n

Aufgrund der hohen Volatilität der Wechselkurse kann es zu nicht unerheblichen Währungsverlusten kommen, wenn nach Insolvenz eines Swap-Partners die andere Partei eine Konvertierung zum aktuellen Kassakurs vornehmen muß. So kann sich das Risiko bei einem Währungs-Swap auf bis zu 30 % des zugrunde liegenden Kapitalbetrages belaufen. Beispiel: A hat von B 30 Mio Dollar übernommen. Auf der

currency swap

Grundlage eines DM/$ Kontraktkurses von 2,80 zu 1 erhält B von A DM 84 Mio. Bei Fälligkeit des Kontraktes ist B zahlungsunfähig und kann keine DM zum Rücktransfer zur Verfügung stellen.

Der Dollar hat sich zwischenzeitlich stark gegenüber der DM abgeschwächt und A muß die bei Abschluß des Kontraktes erhaltenen US $ 30 Mio zum aktuellen Kurs von DM 2,40 konvertieren. Bei einem DM-Erlös von DM 72 Mio ist A ein Währungsverlust von DM 12 Mio entstanden. Der umgekehrte Fall, d.h. ein Währungsgewinn wird eintreten, wenn zum Zeitpunkt der Nichterfüllung der Kontraktverpflichtungen der Kurs des Dollar gegenüber der DM gestiegen ist.

Der gleiche Verlust bzw. Gewinn kann sich ergeben, wenn eine Bank als Intermediary zwischengeschaltet ist und zum Beispiel A seiner Rücktransfer-Verpflichtung gegenüber der Swap-Bank nicht nachkommt. Diese müßte dann, um die ihrerseits bestehende Verpflichtung gegenüber B erfüllen zu können, die von A bei Abschluß des Kontraktes erhaltenen Mittel zum aktuellen Kassakurs konvertieren.

Neben dem Währungsrisiko sind als weitere Risikofaktoren das Transfer-Risiko und das Mismatch-Risiko zu nennen. Unter dem Transfer-Risiko ist die Gefahr zu verstehen, daß ein Partner aufgrund zwischenzeitlich erlassener Devisenverordnungen die erhaltenen Gelder nicht zum Rücktransfer zur Verfügung stellen kann. Ein Mismatch-Risiko ergibt sich, wenn offene Positionen länger als beabsichtigt gehalten werden müssen.

Vorzeitige Vertragsauflösung

Es gibt eine Reihe von Möglichkeiten, einen Swap vorzeitig aufzulösen, wenn sich die Interessenlage eines Partners verändert hat. So kann ein Swap-Geschäft durch den Abschluß eines identischen Gegen-Swaps wohl rechtlich nicht aufgehoben, in seiner Wirkung aber neutralisiert werden. Durch Gegen-Swaps können auch Gewinne aus anderen Kontrakten festgeschrieben werden.

Swap-Vertragsdokumente können schließlich eine Option auf Abschluß eines Gegen-Swaps, sowie den Verkauf bzw. die Abtre-

tung des Kontraktes vorsehen, wenn der die Auflösung suchende
Partner eine Partei findet, die in seine Verpflichtungen aus
dem Vertrag eintritt.

currency warrants   Währungs-Optionsscheine

Currency warrants berechtigen ihre Inhaber zum Kauf von Titeln,
die in einer anderen Währung denominiert sind (z.B. ein Euro-
Dollar Bond ist mit Warrants versehen,die zum Bezug einer DM-
Anleihe berechtigen)

current coupon   i.w.S.: gängiger Kupon, Marktzinssatz; i.e.S.:
die laufende Verzinsung (6 1/8 %) eines zinsvariablen Kredites bzw. Schuldtitels; setzt sich aus dem aktuellen Zinssatz (6%) und dem Aufschlag auf diesen Satz (1/8%) zusammen

customised financial instruments   Finanzierungsinstrumente,
die auf die individuellen Bedürfnisse der Kunden zugeschnitten sind

customised options   Optionen, die auf die Kurssicherungswünsche der
hedgenden Unternehmen zugeschnitten sind (OTC options, → currency
option, S. 36)

cylinder option   Unter einer Cylinder option ist der Erwerb einer
Kaufoption und der gleichzeitige Verkauf einer Verkaufsoption
zu einem niedrigeren Basispreis zu verstehen.

Das hedgende Unternehmen kann sich mit der Kaufoption gegen den
Wertzuwachs einer Währung absichern, gleichzeitig aber mit dem
Prämienerlös aus dem Verkauf der Verkaufsoption den Prämienauf-
wand für den Erwerb der Kaufoption verringern.

D

D → rating

daily variation margin → variation margin

day trading in Verbindung mit Terminkontrakten: taggleiche Eröffnung und Schließung von Positionen

dealer placement Plazierung von Schuldtiteln durch ein Händlerhaus

dealership mandate Beauftragung einer Händlerfirma bzw. Investment-Bank mit der Distribution von Schuldtiteln

debt capitalisation Umwandlung von Verbindlichkeiten in langfristige Schuldtitel

debt covenants Auflagen in Verbindung mit einem Kredit oder einer Anleihebegebung

debt offering Schuldtitel-Emission, Zeichnungsangebot

debt option Option auf (a) Begebung eines Schuldtitels; oder (b) Kauf bzw. Verkauf eines Schuldtitels

debt rating → rating

debt warrant Optionsschein; Optionsrecht auf den Bezug zusätzlicher Anleihestücke (→ bond cum warrants; → dollar bond warrants)

declaration date → expiration date

deep discount bonds Anleihen, die mit einem niedrigen Kupon und einem hohen Disagio begeben werden

deep in-the-money call Kaufoption, deren Basispreis deutlich unter dem Kassakurs bzw. Marktpreis der jeweiligen Basisgröße liegt

delayed cap Zinsobergrenze, die erst im 3. - 5. Jahr der Laufzeit eines Schuldtitels in Kraft tritt

delta Delta-Faktor Der Delta-Faktor zeigt den Umfang an, in dem sich die Optionsprämie bei Fluktuationen des zugrunde liegenden Kurses verändert

delta margining system System für die Berechnung von Einschußzahlungen auf börsengehandelte Optionskontrakte

Neben den allgemein üblichen Einschüssen (initial margins) auf Verkaufspositionen (short option positions), werden bei diesem System auch Einschußzahlungen auf Kaufpositionen (long option positions) erhoben. Die Ermittlung der Einschußzahlungen erfolgt auf der Grundlage täglich veröffentlichter Risikofaktoren (deltas).

Das System sieht ferner vor, daß Optionspositionen wie Terminkontrakte täglich der Marktentwicklung angepaßt werden (→ marking to the market, margin), d.h. der Optionsinhaber wird entweder einen Wertzuwachs abdisponieren können oder eine Nachschußzahlung leisten müssen. Schließlich ist eine automatische Aufrechnung von Einschüssen auf kombinierte Options- und Terminkontraktpositionen vorgesehen.

deposit futures contract Zins-Terminkontrakt (z.B. Kontrakt auf Dreimonats-Eurodollar-Einlagen; Kontrakt auf Dreimonats-Sterling-Einlagen)

deposit rollover Festgeldverlängerung (verbunden mit einer Neufestsetzung des Zinssatzes)

desk interventions Händlerinterventionen

discount bond (a) Abzinsungspapier; (b) übliche Marktform: Anleihe, deren Zinssatz wohl unter dem marktgängigen Kupon liegt, die aber andererseits weit unter pari emittiert wird

discount broker Broker, der die Ausführung von Wertpapieraufträgen zu besonders niedrigen Provisionssätzen vornimmt. Der übliche Broker-Service wird von den Discount Brokers nicht offeriert.

discretionary orders Wertpapieraufträge, die interessewahrend
  ausgeführt werden

distribution of paper Distribution (Verteilung) der Titel
  im Markt

documentation in Verbindung mit Emissionen bzw. Swaps: Vertragsgestaltung, Vertragsdokumentation

doing a shrink Rekapitalisierung durch Rückkauf der eigenen
  Aktien

dollar bond warrants Optionsscheine auf Dollar-Anleihen,
  Dollar-Zinswarrants

Dollar Bond Warrants werden von Industrie-, Bank- oder Staatsadressen in Verbindung mit Dollar-Anleihen ausgegeben und berechtigen den Inhaber zum Bezug einer neuen Anleihe über (in der Regel) nominal 1000 US Dollar des gleichen Emittenten.

Da neben den zu pari aufgelegten Anleihen ein bestimmter Preis für die Warrants zu entrichten ist, ergibt sich im Vergleich zu einfachen Festsatz-Bonds für die Emittenten ein wesentlich höherer Emissionserlös (ein Warrant-Preis von 35 Dollar impliziert z.B. einen effektiven Ausgabekurs von 103,5 %). Das Recht auf Bezug der neuen Anleihe kann jederzeit während der Laufzeit der Warrants ausgeübt werden.

Die Warrants sind getrennt handelbar, d.h. sie können zum aktuellen Marktwert jederzeit vor Fälligkeit verkauft oder von Anlegern erworben werden. Diese Käufer sind oft weder am Erwerb der Ausgangsanleihe (front bond) noch an der Ausübung des Rechts auf Bezug der nachgeschalteten Anleihe (back bond) interessiert.

Sie spekulieren vielmehr auf eine rückläufige Zinsentwicklung in den Vereinigten Staaten. Bei einem Zinsrückgang kommt es nicht nur zu einem Kursanstieg der zugrunde liegenden Dollar-Anleihe, sondern aufgrund der Hebelwirkung auch zu einer überproportionalen Kurssteigerung der Warrants.

Die Kurse für Bond Warrants werden nicht durch amtliche Kursmakler sondern durch Banken bzw. Brokerhäuser gestellt, die sich auf den Handel mit diesen Instrumenten spezialisiert haben. Der Verdienst dieser 'Markt-Macher' liegt in der Spanne

dollar bond warrants

zwischen dem niedrigeren Geldkurs, zu dem die Warrants verkauft werden, und dem höheren Briefkurs, zu dem sie von Anlegern erworben werden. In der Regel liegt diese Spanne zwischen drei und sechs Dollar.

Das Risiko der Dollar Bond Warrants ergibt sich aus einer konträr zu den Erwartungen verlaufenden Zinsentwicklung. Steigen die Zinssätze in den Vereinigten Staaten, tendieren die Kurse der Dollar Bonds nach unten und die Inhaber der Optionsscheine müssen in diesem Fall aufgrund der Hebelwirkung überproportionale Verluste in Kauf nehmen.

Eine 1985 entwickelte Variante der Dollar Bond Warrants sieht vor, daß die Warrants zum Kauf von Titeln berechtigen, die in einer anderen Währung denominiert sind (z.B. ein Dollar Bond ist mit Warrants versehen, die zum Bezug einer DM-Anleihe berechtigen). Die Ausübung dieses Rechtes erfolgt zu einem festgesetzten Wechselkurs.

dollar call (put)   Dollar-Kauf-(Verkaufs-) Option

dollar debt / dollar-denominated debt   Dollar-Schuldtitel

dollar floater   zinsvariabler Dollar-Schuldtitel

dollar index contract   → dollar trade-weighted index contract

dollar straights   festverzinsliche Dollaranleihen

dollar trade-weighted index contract   Terminkontrakt auf einen Dollar-Index

Der Kontrakt basiert auf einem Index, der sich aus dem Dollar-Wert der zehn wichtigsten Weltwährungen zusammensetzt. Die Gewichtung richtet sich nach dem Anteil der jeweiligen Länder am Welthandel. Eingesetzt wird dieser Kontrakt, dessen Wert sich aus dem Index mal 1000 US Dollar errechnet, vor allem bei der Absicherung von Dollar-Risiken.

dolphins Investoren, die einen hohen Prozentsatz der Aktien eines Börsenneulings (→ initial public offering) übernehmen und die Papiere später zu einem wesentlich höheren Kurs wieder abstoßen

D&P Duff & Phelps US → rating agency

draw to draw $ 50m of paper on a facility Schuldtitel über $ 50 Mio im Rahmen einer → note issuance facility begeben

drawdown fee Inanspruchnahme-Provision (wird in Verbindung mit einer → note issuance oder → CD facility erhoben)

drawn line in Anspruch genommene Kreditlinie

droplock clause Klausel, die die Umwandlung eines variablen Kredites in eine Festsatzverbindlichkeit vorsieht, wenn das Zinsniveau eine bestimmte Untergrenze erreicht hat

droplock floater zinsvariabler Schuldtitel, der automatisch in ein Festsatzpapier umgewandelt wird, wenn sein Leitzins unter einen bestimmten Satz fällt

dual capacity Regelung im Rahmen der für Herbst 1986 vorgesehenen Neuordnung des britischen Wertpapiersektors, die es Börsenmitgliedsfirmen erlaubt, als sogenannte Broker/Dealer sowohl Kundenaufträge auszuführen als auch Geschäfte auf eigene Rechnung zu tätigen. Die bisher übliche Trennung zwischen Broker- und Jobber Funktionen wird somit aufgehoben.

dual currency bond Doppelwährungsanleihe

Unter einer Doppelwährungsanleihe ist ein Titel zu verstehen, bei dem Emission und Zinszahlungen einerseits sowie Rückzahlungen andererseits in unterschiedlichen Währungen erfolgen. So bezahlt der Käufer einer Mark/Dollar-Anleihe den Titel bei Erwerb in DM, nimmt die Zinszahlungen in DM entgegen und erhält bei Rückzahlung einen festen Dollarbetrag.

Der Vorteil für einen Käufer aus dem DM / Sfr.-Währungsbereich ergibt sich in erster Linie aus dem Zinssatz des Titels, der über dem Kupon einer reinen DM oder Sfr.- Anleihe liegt. Ferner enthält der Rückzahlungsbetrag einer Doppelwährungsanleihe in der Regel einen Aufschlag gegenüber dem Einzahlungsbetrag.

Diesen Vorteilen steht das Devisenrisiko im Hinblick auf die Rückzahlung des Titels gegenüber, d.h. das DM/Dollar-Wechselkursverhältnis kann sich zum Zeitpunkt der Rückzahlung wesentlich zu ungunsten des Anlegers verschoben haben.

Das Devisenrisiko wird oft dadurch begrenzt, daß der Emittent dem Anleger ein Kündigungsrecht einräumt, d.h. der Anleger kann die Anleihe vor Fälligkeit kündigen und die Rückzahlung zu einem im voraus festgelegten Dollar-Betrag verlangen. In der Regel ist dieser Betrag aber niedriger als die zum Fälligkeitstermin vorgesehene Summe.

Als weitere Kurssicherungsmöglichkeiten bieten sich sowohl für den Emittenten als auch für Anleger Swaps oder Devisentermingeschäfte an.

Aus Emittentensicht sind Doppelwährungsanleihen vor allem für Adressen aus Ländern mit hohen Zinssätzen interessant, die die Titel in einem Land mit einem niedrigen Zinsniveau (z.B. DM /Sfr.) auflegen, die Zinszahlungen aus währungskongruenten Einnahmen bestreiten und die Rückzahlung in ihrer Heimatwährung (z.B. $) vornehmen können.

dual-index FRN zinsvariabler Schuldtitel, bei dem die Verzinsung zum jeweils höheren Satz von zwei oder mehreren Referenz-Zinssätzen erfolgt

dual placing agency Distribution bzw. Plazierung von Schuldtiteln durch zwei Banken bzw. Händlerhäuser

E

ECD → EuroCD

ECP → EuroCommercial Paper

ECU CD   in ECU denominiertes Einlagen-Zertifikat

ECU debt   in ECU denominierter Schuldtitel

ECU futures contract   ECU-Terminkontrakt   (→ ECU hedging products)

ECU hedging products   ECU-Kurssicherungsinstrumente

Die Europäische Währungseinheit gewann in den letzten beiden Jahren an den Devisen-und Kapitalmärkten zunehmend an Bedeutung. Sie ist heute nicht nur die drittwichtigste Anleihewährung, sondern wird von international operierenden Unternehmen auch als gemeinsame Rechnungsgröße bei internen Fakturierungen eingesetzt.

Mit den ECU-Optionen, ECU-Terminkontrakten und ECU-Optionsscheinen wurden Instrumente entwickelt, die dem Bedürfnis nach einer Hedging-Möglichkeit zwischen der Europäischen Währungseinheit und dem US-Dollar Rechnung tragen.

Emittenten und Käufer von ECU-Bonds können jetzt ihre Währungsrisiken in Verbindung mit der Begebung bzw. dem Erwerb dieser Titel absichern. Banken wiederum können nicht nur ihre eigenen ECU- Kassapositionen hedgen, sondern ihren Kunden auch ECU OTC options (→ options, currency options) anbieten, die auf den individuellen Kurssicherungsbedarf zugeschnitten sind. Ihre Risiken aus dem Verkauf dieser ECU-Optionen können die Banken durch den Erwerb von ECU-Terminkontrakten abdecken.

Da sich die Europäische Währungseinheit aus einem Korb unterschiedlicher Währungen zusammensetzt, bietet sich der

ECU-Termin- oder Optionskontrakt auch für die Absicherung eines Engagements in einer nationalen Einzelwährung an.

In ihren Ausstattungsmerkmalen unterscheiden sich die ECU-Optionen und ECU-Terminkontrakte nur unwesentlich von den Kontrakten, die in den gängigen Währungen denominiert sind. Die Kontraktgröße beträgt ECU 62.500 bzw. ECU 125.000; die Quotierungen erfolgen in Dollar/ECU. Bei den Terminkontrakten beträgt die Mindestwertschwankung des Kontraktpreises US $ 25.

ECU option   ECU-Option   (→ ECU hedging products)

ECU warrant issue   Emission von ECU-Optionsscheinen (→ ECU hedging products)

Im Rahmen einer solchen Emission werden Anlegern z.b. 15000 Kauf-Optionsscheine (Call Warrants) und 15000 Verkaufs-Optionsscheine (Put Warrants) offeriert, die zum Kauf oder Verkauf von jeweils 10000 ECU innerhalb eines Jahres berechtigen.

Der Kaufpreis der Optionsscheine orientiert sich an den ECU-Spotkursen und lag im Januar 86 bei $ 466 für Call Warrants und $ 480 für Put Warrants. Die Basispreise wurden vom emittierenden Institut auf US $ 0.8865 je ECU für Call Warrants und $ 0.8765 für Put Warrants festgesetzt. Die Optionsprämien beliefen sich auf 5.25 % bzw. 5.47 %.

ECU warrants wurden, wie ECU futures und ECU options, in erster Linie für Kreditnehmer und Anleger entwickelt, die sich am wachsenden ECU-Kapitalmarkt engagieren und nach einer Möglichkeit zur Absicherung von Dollar/ECU-Risiken suchen.

ED contract / ED futures → Eurodollar futures contract

EDSP → exchange delivery settlement price

entry costs   Kosten bei Eröffnung einer Position am Options- oder Terminkontraktmarkt

EOE → European Options Exchange

equity contract note   Schuldtitel mit Eigenkapitalcharakter

equity index futures contract　　Terminkontrakt auf einen Aktienindex

equity-linked issue　→　equity-warrants-attached deal

equity sweeteners　　Optionsrechte auf Aktien

equity warrants　　Optionsscheine auf Aktien

equity-warrants-attached deal　　Optionsanleihe; Anleihe mit Optionsscheinen auf Aktien

equity weighting　　Aktienanteil (z.B. an einem Portefeuille)

escape clause　　Klausel, die die sofortige Fälligstellung eines Kredites ermöglicht oder die Bank von ihren Verpflichtungen gegenüber dem Kreditnehmer entbindet

ESF　→　Euronote standby facility

EuroCDs　　Euro-Depositenzertifikate (werden von den am Euromarkt tätigen Kreditinstituten emittiert)

EuroClear　　Verrechnungssystem des internationalen Anleihehandels

EuroCommercial Paper　　Unter EuroCommercial Paper sind kurzfristige Schuldtitel zu verstehen, die erstklassige Adressen am Euromarkt begeben. Sie unterscheiden sich von den →　Euronotes /Note issuance facility insofern, als sie ohne die Übernahmeverpflichtung (backstop) einer Bank bzw. Bankengruppe begeben werden.

Distribution bzw. Plazierung der Titel, deren Laufzeiten zwischen 7 Tagen und 6 Monaten schwanken, erfolgen über eine oder mehrere Händlerfirmen (Dealers). Der Abgabepreis wird durch den Emittenten und/oder durch die Händlerfirma festgesetzt.

Ein Rating, d.h. die bonitätsmäßige Einstufung der Titel bzw. Emittenten nach US-Muster, wird, von einigen wenigen Ausnahmen abgesehen, bisher nicht praktiziert. Zum einen scheuen die Emittenten den mit dem Rating-Verfahren verbundenen Zeit- und Kostenaufwand, zum anderen verfügen einige

Eurocommercial Paper

Adressen bereits über ein Rating aufgrund ihrer am US-Markt begebenen Titel.

Aufgrund der fehlenden Ratings bzw. Backstops ist der EuroCP-Markt bisher hochkarätigen Adressen vorbehalten, die aufgrund ihres Markt- bzw. Emissions-Standings mit der sicheren Plazierung ihrer Papiere rechnen können. Ein weiteres Handicap ergibt sich aus der Tatsache, daß die Aufnahmebereitschaft für die Titel außerhalb des Bankenbereiches noch verhältnismäßig gering ist.

Mit der Einebnung des Konditionengefälles zwischen dem US CP-Markt und dem EuroCP-Markt wird das EuroCommercial Paper zweifelsohne an Attraktivität gewinnen. Zu erwarten ist auch eine steigende Zahl von US-Emittenten am EuroCP-Markt, bietet dieser doch im Gegensatz zum Schwestermarkt in den Vereinigten Staaten Zugang zu längerlaufenden kurzfristigen Mitteln.

Dieser strukturelle Unterschied kann auch zu Arbitragegeschäften genutzt werden, indem längerlaufende Gelder in Europa aufgenommen und für kurze Zeiträume am US-Markt investiert werden.

Eine Reihe von Emittenten ist bereits dazu übergegangen, sich über eine Global Note Facility bzw. eine Swingline Zugang zu beiden Märkten zu verschaffen. Die Breite und Tiefe des US-Schwestermarktes wird der EuroCP-Markt aber nur erreichen, wenn ein breites Anlegerinteresse im Nichtbanken-Sektor geweckt werden kann.

EuroCP → EuroCommercial Paper

Eurocurrency alle außerhalb des Währungsursprungslandes unterhaltenen Kontoguthaben

Eurodollar futures contract Eurodollar-Terminkontrakt, Zins-Terminkontrakt auf Dreimonats-Eurodollar-Einlagen (Kontraktgröße US $ 1 Mio; Mindestwertschwankung: US $ 25 pro Basispunkt;
→ interest rate futures contract)

Eurodollar option Zinsoption, Option auf einen Eurodollar-Terminkontrakt

Im Falle einer Optionsausübung wird der Stillhalter (Optionsverkäufer) einen Eurodollar-Terminkontrakt zum vereinbarten Basispreis bereitstellen bzw. übernehmen. → interest rate option

Eurodollar straight   Festsatz-Eurodollarbond

Euroequities / Euroequity issues   international plazierte
  bzw. gehandelte Aktien

  Mit der Internationalisierung ihrer Aktien-Emissionen verbinden die Unternehmen die Absicht, ihre Papiere einem breiten und international ausgerichteten Anlegerkreis zugänglich zu machen bzw. neue Kapitalquellen zu erschließen. Dies gilt im besonderen für Unternehmen, die in Ländern beheimatet sind, deren Kapitalmärkte nur begrenzt in Anspruch genommen werden können.

  Für Anleger wiederum bieten die internationalen Aktienplazierungen eine willkommene Diversifizierungsmöglichkeit. Zudem hat der Kursverfall der US-Währung und der Rückgang der Zinssätze das Interesse an europäischen Werten verstärkt.

  Die mit diesen Papieren verbundenen Risiken ergeben sich in erster Linie aus den unterschiedlichen Bilanzierungsverfahren bzw. Publizitätsvorschriften, die eine einheitliche Bewertung ausländischer Werte verhindern. Zum zweiten kann der Kurs einer international gehandelten Aktie bei konzertierten Verkäufen schnell unter Druck geraten, wodurch die Kapitalmarktfähigkeit des betroffenen Unternehmens möglicherweise nachhaltig beeinträchtigt wird.

Euromarket name   Euromarkt-Adresse, Schuldner (Kreditnehmer, Emittent) am Euromarkt

Euronote   kurzfristiger Schuldtitel, der von einer erstklassigen Industrie-, Bank- oder Staatsadresse am Euromarkt begeben wird

  Von einigen wenigen ECU-Emissionen abgesehen, sind die Titel in US Dollar denominiert und verfügen über Laufzeiten von 1,3,6,9 oder 12 Monaten. Sie werden entweder als Kuponpapiere oder als abgezinste Titel abgegeben. Programme zur Begebung von Euronotes werden in der Regel durch eine Euronote facility bzw. → note issuance facility unterlegt.

Euronote facilities   Fazilitäten, die unter verschiedenen Bezeichnungen am Markt bekannt sind (NIFs, SNIFs, RUFs, TRUFs). Trotz unterschiedlicher Ausstattungsmerkmale ist den Fazilitäten die folgende Grundkonstruktion gemeinsam: Im Rahmen einer mittel- bis langfristigen Finanzierungsvereinbarung begibt ein Kreditnehmer auf revolvierender Basis kurzfristige Schuldtitel (Euronotes). Die Titel werden von einer oder mehreren Banken (→ sole placing agent, → tender panel) am Markt plaziert.

Gleichzeitig verpflichten sich die an der Fazilität beteiligten Underwriting Banks die Titel bei Nichtplazierbarkeit zu einer vereinbarten Höchstmarge selbst zu übernehmen bzw. die benötigten Mittel zu einem bestimmten Zinssatz zur Verfügung zu stellen. Ohne die Übernahmeverpflichtung einer Bankengruppe begebene Euronotes werden als EuroCommercial Paper bezeichnet.

Vorteile für Emittenten und Anleger, Kosten- und Gebührenstruktur sowie Risiken und bilanzielle Behandlung der Fazilitäten werden unter → note issuance facility erläutert.

Euronote option   Option auf die Emission von Euronotes

Euronote pricing   Konditionen (Konditionengestaltung) einer Euronote

Euronote standby facility   → note issuance facility

Europaper without backup   Euro-Schuldtitel, die ohne die Übernahmeverpflichtung einer Bankengruppe emittiert werden (→ EuroCommercial Paper)

European exercise feature   → European option

European option   Kauf- oder Verkaufsoption, die nur zu einem vereinbarten Endfälligkeitstermin ausgeübt werden kann (Gegensatz: → American option)

European Options Exchange   Europäische Optionsbörse, Amsterdam

European quotation / European terms   Quotierung der Basispreise und Prämien für einen Devisen-Optionskontrakt in Fremdwährungseinheiten pro Dollar. Eine Quotierung von DM 2,45 auf die Dollar-Mark-Option der LIFFE (Kontrakteinheit US $ 50.000) zeigt einen Basispreis von DM 2,45 je 1 US $ an. Für die weitaus überwiegende Zahl der börsenmäßig gehandelten Devisenoptionen gilt jedoch das → American quotation System.

European style → European option

events of default im Kreditgeschäft: Fälle, die als Verletzung eines Kreditvertrages ausgelegt werden, z.B. Nichteinhaltung der Zins- und Tilgungsverpflichtungen oder Nichtbeachtung sonstiger Auflagen

exchange delivery settlement price Schlußsatz, auf dem die Abwicklung von Terminkontrakten basiert

exchange-traded option börsengehandelte Option (→currency option)

exercise notice Mitteilung des Optionsinhabers, daß er sein Optionsrecht ausübt

exercise price in Verbindung mit Optionskontrakten: Basispreis (Preis bzw. Kurs, zu dem der Inhaber einer Option eine bestimmte Basisgröße erwerben oder verkaufen kann)

exercise price intervals Basispreis-Intervalle (Abstände, in denen die Basispreise börsengehandelter Optionen quotiert werden)

exercise profit of an option Gewinn bei Ausübung eines Optionsrechtes

exit costs Kosten bei Schließung einer Position am Options- oder Terminkontraktmarkt (→ entry costs)

expanded tender panel erweitertes Bietungskonsortium (→ tender panel)

expiration cycle in Verbindung mit Optionskontrakten: Laufzeiten der Optionskontrakte: 3,6,9 und 12 Monate

expiration date Auslauftermin, Verfalldatum (letzter Tag, an dem die Ausübung einer Option möglich ist; bei der D-Mark Option des Philadelphia Stock Exchange z.B. ist dies der Samstag vor dem dritten Mittwoch des Fälligkeitsmonats)

expiration months Fälligkeitsmonate der Optionskontrakte: März, Juni, September und Dezember

expiration settlement date Abrechnungstag bei Optionskontrakten: der dritte Mittwoch des jeweiligen Monats

exposure in options   Engagement am Optionsmarkt, Verlustrisiko in
   Verbindung mit Optionsgeschäften

extendable swap   verlängerbarer Swap-Kontrakt

extendable swaption   Option auf die Verlängerung eines Swap-Kontraktes
   Mit dieser Option ist für ihren Inhaber das Recht, aber nicht die
   Verpflichtung verbunden, einen Swap-Kontrakt zu einem im voraus
   vereinbarten Satz zu verlängern. Wie bei allen Optionen wird auch
   hier zwischen → American und European options unterschieden.

F

F-1, F-2, F-3 → rating

facility agent Konsortialführerin oder Mitglied der Führungsgruppe bei einer Kreditsyndizierung oder Fazilität zur Begebung von Notes (→ note issuance facility).

Der Facility agent übernimmt je nach Aufgabenverteilung im Lead Management die Vertragsgestaltung und/oder die technische Abwicklung der Emission.

facility fee Provision für die Einrichtung einer Fazilität bzw. für die Bereitstellung einer Kreditgarantie oder Übernahmeverpflichtung

facility pricing Konditionengestaltung

facility support Unterlegung einer Fazilität durch eine Sicherheit

fair pricing provision Satzungsklausel, die die Gleichbehandlung aller Aktionäre im Falle einer Firmenübernahme vorsieht (→ two-tier bid)

FCMs → Futures Commission Merchants

FCO → foreign currency option (→ currency option)

FECDBA → Foreign Exchange and Currency Deposit Brokers'Association

FIBOR → Frankfurt Interbank Offered Rate

financial actuals Finanzinstrumente des Kassamarktes, auf denen Terminkontrakte basieren

financial engineering Erstellung eines Finanzierungskonzeptes

financial futures contract Finanz-Terminkontrakt, Terminkontrakt auf einen Finanztitel

Definition

Bei einem Finanz-Terminkontrakt handelt es sich um die vertragliche Vereinbarung zwischen zwei Parteien, zu einem bestimmten Zeitpunkt, eine dem Geld-, Kapital- oder Devisenmarkt zuzuordnende Basisgröße, die nach Menge und Liefertermin standardisiert ist, zu einem bestimmten Kurs oder Preis zu kaufen bzw. zu verkaufen.

Zur Gruppe dieser Terminkontrakte zählen: Zins-Terminkontrakte (→ interest rate futures contracts), Devisen-Terminkontrakte (→ currency futures contracts), Kontrakte auf Aktienindizes (→ stock index futures contracts) und Edelmetall-Terminkontrakte (precious metals futures).

Ausstattungsmerkmale

Von den herkömmlichen Termingeschäften unterscheiden sich die Terminkontrakte vor allem in zwei Punkten:

(a) Terminkontrakte sind standardisiert und somit börsenmäßig handelbar; (b) die den Kontrakten zugrunde liegenden Transaktionen werden in der Regel physisch nicht erfüllt. Sie werden vor Fälligkeit durch Gegengeschäfte glattgestellt, d.h. durch den Verkauf erworbener Kontrakte bzw. durch den Rückkauf leerverkaufter Kontrakte.

Zins- und Devisen-Terminkontrakten liegen feste Beträge zugrunde, z.B. Kontrakte auf kurzfristige Zinstitel (Eurodollar-, CD- und Treasury Bill Kontrakt) - US $ 1.000.000; Kontrakte auf mittel- bzw. langfristige Zinstitel (T-Note und T-Bond Kontrakte) - US $ 100.000; DM-Devisen-Terminkontrakte - DM 125.000.

Bei den Kontrakten auf Aktienindizes errechnet sich die Kontraktgröße aus der Multiplikation des jeweiligen Indexwertes mit 500 (S&P 500, Value Line, NYSE Index) oder 100 (Major Market Index).

In der Regel werden die Erwerber und Verkäufer von Terminkontrakten bei Abschluß der Transaktion nicht den vollen Marktpreis entrichten, sondern nur einen bestimmten Prozentsatz des Kontraktwertes als Einschuß (Initial Margin) hinter-

financial futures contract

legen. Die Höhe des Initial Margins ergibt sich aus den jeweiligen Börsenbestimmungen. So sehen der Chicago Mercantile Exchange und der London International Financial Futures Exchange für ihre Eurodollar-Zinskontrakte Initial Margins in Höhe von jeweils US $ 1000 vor.

Beim DM-Devisen-Terminkontrakt des CME liegt der Initial Margin bei US $ 1500, während er für den Ende Jan.86 eingeführten Dollar/DM-Kontrakt des LIFFE DM 2500 beträgt.

An einigen US-Börsen wird bei der Festlegung der Initial Margins ferner zwischen spekulativen Geschäften und reinen Hedging-Transaktionen unterschieden. Erfolgen Kauf oder Verkauf von Kontrakten über einen Broker, erhöhen sich die Börsen-Margins um das Zwei- bis Dreifache.

Da Termin-Kontraktpositionen in Übereinstimmung mit der Marktentwicklung täglich neu bewertet werden, wird das korrespondierende Margin Account erkannt oder belastet werden. Mit anderen Worten: Der Kontraktinhaber wird einen Gewinn abdisponieren können oder Nachschußzahlungen leisten müssen (→ margin).

Hedger und Trader

Getragen wird der Finanz-Terminkontraktmarkt vor allem von zwei Gruppen, den Hedgern und Tradern.

Unter der ersten Gruppe, den Hedgern, sind Marktteilnehmer zu verstehen, die unternehmensbedingte Preis-, Kurs- oder Zinsrisiken durch den Aufbau gegengerichteter Positionen am Terminkontraktmarkt abdecken.

Wert- bzw. Opportunitätsverluste, die sich in der Folgezeit im Hinblick auf die Kassa- bzw. Grundposition ergeben, werden durch einen Wertzuwachs der Terminkontraktposition weitgehend kompensiert. Eine vollständige Kompensation ist nicht möglich, da zum einen die Beträge und Fälligkeitstermine der Grundpositionen von denen der Kontrakte abweichen und zum anderen die Entwicklung der Kassa- und Terminkontraktkurse nicht völlig parallel verlaufen wird. Zum Zeitpunkt der Glattstellung der Grundposition wird auch die Terminkontraktposition durch ein entsprechendes Gegengeschäft geschlossen.

financial futures contract

In diesem Zusammenhang darf nicht übersehen werden, daß der Kompensationseffekt in beide Richtungen wirkt. Mit anderen Worten: Ist konträr zu den Erwartungen des Hedger ein Opportunitätsgewinn bei der Kassa- bzw. Grundposition zu verzeichnen, wird dieser durch einen Verlust aus der Kontraktposition aufgezehrt.

Bei der zweiten Gruppe, den Tradern, handelt es sich um spekulativ eingestellte Marktteilnehmer, die sich aus der Übernahme offener Risikopositionen (Erwerb oder Leerverkauf von Terminkontrakten) Gewinne erhoffen. Durch diese Bereitstellung von Risikokapital tragen die Trader wesentlich zur Gewährleistung der Marktliquidität bei.

Zu der Gruppe der Trader können auch die Spreader gezählt werden, die durch den gleichzeitigen Erwerb und Verkauf von Terminkontrakten geringe relative Preisschwankungen zwischen identischen oder verwandten Kontrakten zu arbitrieren versuchen.

Der Terminkontraktmarkt in den Vereinigten Staaten

Seit ihrer Einführung Anfang der siebziger Jahre (1972 wurde der erste Devisen-Terminkontrakt und 1976 der erste Zins-Terminkontrakt vorgestellt) haben die Terminkontrakte in den Vereinigten Staaten einen beispiellosen Aufschwung erlebt (1985 wurden an den US-Terminbörsen nahezu 160 Mio Kontrakte gehandelt).

Ausgelöst wurde diese Entwicklung in erster Linie durch die hohe Zinsvolatilität und die extremen Wechselkursschwankungen der letzten Jahre, die zu einer wachsenden Nachfrage nach innovativen Sicherungsinstrumenten führten.

Unangefochtener Umsatz-Spitzenreiter unter den Financial Futures ist seit drei Jahren der Zins-Kontrakt auf Treasury Bonds (US-Schatzpapiere). Allein am Chicago Board of Trade wurden zwischen Januar und September 1985 mehr als 30 Mio T-Bond-Kontrakte gehandelt.

Auf den Plätzen zwei und drei der Rangliste der meistgehandelten Kontrakte folgen der Kontrakt auf den S&P 500

financial futures contract

Aktienindex und der Eurodollar-Zinskontrakt. Beide Instrumente werden an der Nachbarbörse, dem CME, gehandelt.

Unter dem Eindruck der kontinuierlichen Umsatzsteigerungen führten die Börsen 1985 eine Reihe neuer Kontrakte ein, u.a. einen Kontrakt auf den Verbraucherpreis-Index, einen Dollar-Terminkontrakt, mit dem der Dollarwert gegenüber einen Korb der zehn wichtigsten Währungen gehandelt wird, sowie verschiedene Kontrakte auf Aktienindizes (auf den NASD 100 Freiverkehrsindex, den SPOC 250 OTC index oder den NOTC 100 index).

Viele Neueinführungen werden jedoch eine vorübergehende Modeerscheinung bleiben, denn früher oder später konzentriert sich das Marktinteresse auf die umsatzstärksten Kontrakte. So werden von den 68 Finanz-Terminkontrakten, die in den vergangenen zehn Jahren an den US-Börsen eingeführt wurden, nur noch ca. 25 gehandelt, von denen wiederum die Hälfte relativ bedeutungslos geworden ist.

Entwicklung außerhalb der Vereinigten Staaten

Das Interesse an den Financial Futures beschränkt sich keinesfalls auf die USA. Auch die Terminbörsen von Montreal, Vancouver, Singapur und Sydney diversifizieren verstärkt in identische oder verwandte Kontrakte.

Die verschiedenen Kooperationsabkommen zwischen den führenden Terminbörsen der Welt (z.B. CME und SIMEX, LIFFE und CBOT) werden in naher Zukunft einen Handel rund um die Uhr ermöglichen und Kontrakte zwischen den beteiligten Börsen völlig fungibel machen, d.h. ein Kontraktinhaber kann die an der Börse A eröffnete Position an der Börse B schließen.

Die Umsatzzuwachsraten des erst 1982 errichteten London International Financial Futures Exchange sowie die kontinuierliche Erweiterung der Angebotspalette dieser größten Terminbörse außerhalb der Vereinigten Staaten machen deutlich, daß Kontrakte auf Finanztitel auch an den europäischen Finanzplätzen zunehmend an Bedeutung gewinnen. Zudem wurde im Herbst 1985 an der Pariser Börse mit dem MATIF ein Terminkontrakthandel aufgenommen und die Einführung eines Financial Futures Market wird von den Schweizer Börsen erwogen.

financial futures contract

In der Bundesrepublik verläuft die Entwicklung weniger spektakulär. Terminkontrakte auf Aktienindizes konnten sich bisher bei privaten und institutionellen Anlegern nur in einem sehr begrenzten Umfang durchsetzen. Mit Devisen-Terminkontrakten ist der Nachteil verbunden, daß sie in Verbindung mit Sicherungsgeschäften nicht so flexibel zu handhaben sind wie Devisentermingeschäfte oder Devisenoptionen.

Zins-Terminkontrakte wurden hingegen am Markt mit großem Interesse aufgenommen. Vor allem Kreditinstitute sehen in diesen Instrumenten eine Möglichkeit, Laufzeitinkongruenzen in ihrem Aktiv- und Passivgeschäft zu überbrücken und Zinsänderungsrisiken auszuschalten. Die aufsichtsrechtliche Behandlung der Terminkontrakte ist Gegenstand einer intensiven Diskussion, die gegenwärtig auf verschiedenen Ebenen geführt wird.

Fallbeispiele: → interest rate futures contract, currency futures contract, stock index futures contract

financial futures option   Option auf einen Finanz-Terminkontrakt
(→ option on futures)

Financial Guaranty Brokers   Broker, die sich auf die Absicherung finanzieller Risiken (Zins-, Kredit- oder Liquiditätsrisiken) spezialisiert haben. Die Risikodeckung erfolgt über unterschiedliche Instrumente: Options- und/oder Terminkontrakte, Swaps, Bankgarantien, Festsatzvereinbarungen, etc.

financial hedging instruments   Instrumente zur Absicherung finanzieller Risiken (→ currency swaps, currency options, financial futures)

Financial Services Bill

Der Gesetzentwurf sieht ein neues Kontrollsystem für die Londoner City und eine umfassende Neuregelung des Anlegerschutzes in Großbritannien vor.

In Zukunft soll dieser Schutz durch eine Reihe von Selbstüberwachungsorganen (→ self-regulatory organisations) der Londoner City gewährleistet werden, die dem neu geschaffenen

Financial Services Bill

→ Securities and Investment Board unterstehen. Diese oberste Kontrollinstanz wird den Wertpapierhandel überwachen und Verordnungen zum Anlegerschutz erlassen können, z.B. Registrierungspflicht für Wertpapierhändler bzw. Investmentberater.

finder's fee bestimmter Prozentsatz der → front-end fees, die die Konsortialführerin für ihre Koordinierungsaufgaben erhält

FINEX / Financial Instruments Exchange Finanz-Terminbörse (Unterabteilung) des New York Cotton Exchange

FIRBO → fixed interest rate borrowing option

FIRST → Forward Interest Rates Set Today

first-rate credit erstklassige Adresse (Schuldner)

fiscal agent Bank, die die technische Abwicklung einer Emission übernimmt bzw. als Zahlstelle fungiert

fixed debt option Option auf Umwandlung zinsvariabler Titel in Festsatz-Bonds

fixed giver → fixed rate provider

fixed interest rate borrowing option Option auf einen Festzinssatz (gibt dem Optionsinhaber das Recht, einen Kredit zu einem Festzins innerhalb eines bestimmten Zeitraumes aufzunehmen)

fixed interest swap option Option auf einen Zins-Swap (→ interest rate swap)

fixed pricing option Option auf Umwandlung eines zinsvariablen Krediteis oder Schuldtitels in eine Festsatzverpflichtung)

fixed rate currency swap Währungs-Swap (Tausch von zwei Festsatzverbindlichkeiten in unterschiedlichen Währungen; → currency swap)

fixed rate deal Festsatz-Emission

fixed rate exposure Verlustrisiko aus einer Festsatzvereinbarung

fixed rate provider Vertragspartei, die bei einem Zins-Swap Festsatzverbindlichkeiten auf eine zinsvariable Basis umstellt, indem sie feste Zinsverpflichtungen zur Verfügung stellt und variable Zinszahlungen übernimmt

fixed rate taker Vertragspartei, die bei einem Zins-Swap zinsvariable Mittel auf eine Festsatzbasis umstellt, indem sie variable Zinsverpflichtungen zur Verfügung stellt und feste Zinszahlungen übernimmt

flat (a) einmalige Zahlung; (b) Zinssatz ohne Aufschlag; (c) Notierungshinweis bei Schuldtiteln: Stückzinsen sind im Kurs enthalten

flip-flop floater längerlaufender Schuldtitel mit variabler Verzinsung, der in ein identisches Papier mit kürzerer Laufzeit umgetauscht werden kann; ein erneuter umgekehrter Tausch ist ebenfalls möglich

flipper → dolphin

floatation / flotation Börseneinführung

floater → floating rate note

floater cap Zinsobergrenze für einen zinsvariablen Schuldtitel

float/float swap Tausch von zwei zinsvariablen Verpflichtungen (→ interest rate swap)

floating/fixed split Aufteilung zwischen zinsvariablen Verpflichtungen und Festsatzverbindlichkeiten

floating rate certificates of deposit zinsvariable Einlagenzertifikate (die Zinssätze werden viertel- oder halbjährlich auf der Grundlage von Libor neu festgesetzt)

floating rate debt option Option auf Umwandlung von Festsatz-Titeln in zinsvariable Titel

floating rate note   zinsvariabler Schuldtitel

Unter einer floating rate note / floater ist ein zinsvariabler Schuldtitel zu verstehen, dessen laufende Verzinsung sich aus einem aktuellen Zinssatz (current coupon, z.B. 9 %) und einem Aufschlag auf diesen Satz (spread, z.B. 1/8 %) zusammensetzt. Der aktuelle Zinssatz orientiert sich an einem Referenz-Zinssatz, z.B. → Libor, Limean oder Libid. Die Zinszahlungen erfolgen in Abständen von drei oder sechs Monaten. Zu diesen Zeitpunkten wird auch der current coupon für die nächste Zinsperiode festgelegt.

Für Emittenten sind in erster Linie die variable Konditionengestaltung sowie die niedrigen Emissionskosten interessant. Als Schuldner treten im DM-Bereich vor allem Kreditinstitute, Regierungen und supranationale Organisationen auf; in anderen Währungen auch Industrieadressen. Das Zinsänderungsrisiko kann der Emittent durch die Festlegung einer Zinsobergrenze (→ cap) einschränken. Er kann es aber auch ganz ausschalten, indem er seine variablen Zinsverpflichtungen gegen Festsatzverpflichtungen swappt (→ interest rate swap). Floating rate notes haben in der Regel eine Laufzeit von fünf bis zehn Jahren und werden grundsätzlich in einer Summe bei Fälligkeit zurückgezahlt. Es ist jedoch nicht unüblich, die Emissionen mit einem Schuldnerkündigungsrecht (call option) zu versehen, d.h. der Emittent behält sich das Recht vor, den Titel vorzeitig zurückzuzahlen.

Aus der Sicht der Anleger liegen die Vorteile der FRNs zum einen in der Begrenzung des Kurs- und Zinsrisikos und zum anderen in dem auf den Zinssatz gezahlten Aufschlag, dessen Höhe sich nach der Bonität des Emittenten und der Laufzeit des Titels richtet. Von außergewöhnlichen Umständen abgesehen werden FRNs nicht unter ihren Nennwert fallen, da die Zinssätze in relativ kurzen Zeitabständen den aktuellen Geldmarktkonditionen angepaßt werden.

Bedingt durch den auf den Finanzmärkten lastenden Innovationsdruck werden inzwischen floating rate notes mit unterschiedlichen Ausstattungsmerkmalen begeben, z.B. FRNs ohne Laufzeitbegrenzung (→ perpetual floaters); langlaufende FRNs, die während ihrer Laufzeit in kürzerfristige Titel umgetauscht werden; FRNs, die bei Erreichen eines bestimmten Zinsniveaus automatisch in eine Festsatzanleihe umgewandelt werden (drop-lock floaters); FRNs, deren Verzinsung sowohl nach oben als auch nach unten begrenzt ist (minimax floaters) oder FRNs, die in Verbindung mit einem längerfristigen Kredit die Funktion einer Standby- bzw. Backup-Linie haben (standby floaters).

Angesichts dieser Vielfalt ist es nicht verwunderlich, daß variabel verzinsliche Bond-Emissionen 1985 erneut ein kräftiges Wachstum verzeichnen konnten. Nach Schätzungen von Marktexperten lag die Gesamtsumme der Plazierungen bei 80 Mrd. US Dollar. Seit dem am 1.5.1985 in Kraft getretenen Deregulierung des deutschen Kapitalmarktes können zinsvariable Schuldtitel auch auf DM-Basis (DM-FRNs) begeben werden.

floating rate note with warrants for debt (equity)   zinsvariabler
Schuldtitel mit Optionsrechten auf zusätzliche Anleihestücke
(oder Aktien)

floating rate payor   Vertragspartei, die im Rahmen eines Swap-Vertrages variable Zinszahlungen leistet

floating rate pricing option   Option auf Umwandlung einer Festsatzverpflichtung in eine zinsvariable Verpflichtung

floor   (a) Zinsuntergrenze; (b) Börsenparkett

floor-ceiling agreement   Vereinbarung über eine Zinsober- und Zinsuntergrenze

Bei einem Floor-ceiling agreement vereinbaren ein Kreditinstitut
und eine Industrieadresse für eine bestimmte Verpflichtung eine
Zinsobergrenze (z.B. 9 %) und eine Zinsuntergrenze (z.B. 7 %).

Steigen die Zinssätze über 9 %, wird die Bank dem Unternehmen
die Zinsmehrkosten vergüten. Bildet sich das Zinsniveau hingegen auf unter 7 % zurück, wird das Unternehmen an die Bank
den Unterschiedsbetrag zahlen. Solange sich das Zinsniveau
zwischen 7 und 9 % bewegt, erfolgen keine Ausgleichszahlungen.

flop option   Option auf erneute Umwandlung eines Schuldtitels
(→ flip-flop floater)

Footsie → FT-SE 100

foreign currency hedging   Devisenkurssicherung, Absicherung von
Währungsrisiken

foreign currency option   Devisenoption, Währungsoption (→ currency option)

foreign debt exposure   Risiko aus Fremdwährungs-Verbindlichkeiten

Foreign Exchange and Currency Deposit Brokers' Association
Vereinigung der Geld- und Devisen-Broker

foreign exchange futures option   Option auf einen Devisen-Terminkontrakt

forex option Devisenoption, Währungsoption

forward cover Deckung (Kurssicherung) durch ein Termingeschäft

Forward Interest Rates Set Today (FIRST) Variante einer →
  interest rate guarantee

forward market Terminmarkt (nicht zu verwechseln mit dem
  futures market/Terminkontraktmarkt)

forward rate agreement → future rate agreement

FRA → forward/future rate agreement

FRABBA → Future Rate Agreement British Bankers' Association

Frankfurt Interbank Offered Rate Frankfurter Interbanken-
  Angebotssatz (Referenz-Zinssatz für variable DM-Anleihen;
  basiert auf den Drei- und Sechsmonats-Geldmarktsätzen für
  erste Adressen)

FRCD → floating rate certificate of deposit

free of delivery / free payment Zahlungsleistung für ein
  Wertpapiergeschäft ohne gleichzeitige Auslieferung der
  Titel

freight index futures contract Terminkontrakt auf einen
  Frachtraten-Index

friendly suitor Investor, der die Übernahme eines Unternehmens in Verhandlungen mit dem Management der betroffenen
  Gesellschaft zu erreichen versucht (Gegensatz: → black
  knight / unfriendly suitor)

FRN → floating rate note

FRN conversion option Option auf Umwandlung eines Schuldtitels in eine → floating rate note

FRNWD → floating rate note with warrants for debt

FRNWE → floating rate note with warrants for equity

front bond Ausgangsanleihe (→ dollar bond warrants)

front-end fee Pauschalprovision, die der Kreditnehmer kurz nach Unterzeichnung des Kreditvertrages den Banken zahlt

front-end loaded tender offer Übernahmeangebot, das für die im Rahmen der ersten Tranche (front end) abzufindenden Aktionäre besonders günstige Konditionen vorsieht; ⟶ two-tier bid

FT-SE index Financial Times-Aktienindex (Gegenstand eines Aktienindex-Terminkontraktes)

full underwriting risikos vollständige Übernahme des Plazierungs-

funding spreads Zinsspannen der Banken

future rate agreement Vereinbarung, durch die Banken bzw. Industrieadressen feste Zinssätze für Einlagen oder Ausleihungen vereinbaren, die erst in einigen Monaten vorgenommen werden (z.B. A und B vereinbaren im März 86 einen festen Zinssatz für ein Sechs-Monats-Festgeld vom 2.7.86 - 2.1.87)

Bei einem future rate agreement (FRA) handelt es sich um die an den Interbank-Märkten gehandelte börsenfreie Variante eines Zinsterminkontraktes (⟶ interest rate futures contract).

Gegenüber den Zinsterminkontrakten haben die FRAs vor allem den Vorteil, daß bei Vertragsabschluß keine Einschußzahlungen zu leisten sind. Somit entfallen auch die tägliche Neubewertung der Kontraktpositionen (marking to the market) und die gegebenenfalls zu entrichtenden Nachschußzahlungen (→ margin calls).

Ferner sind die FRAs, die ausschließlich als Hedging-Instrumente eingesetzt werden können, nicht standardisiert; sie können somit im Hinblick auf Laufzeit und Umfang auf die individuellen Bedürfnisse der Kunden zugeschnitten werden. Die Nachteile dieser Instrumente sind darin zu sehen, daß sie nicht so flexibel wie Kontrakte gehandelt werden können.

Future Rate Agreement British Bankers' Association Future Rate Agreement, bei dem Vertrags- und Konditionengestaltung auf Empfehlungen des Britischen Bankenverbandes basieren

futures   Terminkontrakte

futures call option   Kaufoption auf einen Terminkontrakt
Mit dieser Option ist für den Käufer das Recht, aber nicht die Verpflichtung verbunden, einen Terminkontrakt innerhalb einer bestimmten Frist oder an einem bestimmten Tag zu einem vorher vereinbarten Preis zu übernehmen. Diese Terminkontrakt-Position wird entweder sofort oder später durch ein Gegengeschäft geschlossen (→ futures contract settlement).

futures close-out   Glattstellung (Schließung) einer Terminkontrakt-Position

Futures Commission Merchants   Banken oder Broker-Häuser in den Vereinigten Staaten, die von den aufsichtsführenden Organen die Berechtigung zur Abwicklung von Terminkontrakt-Geschäften erhalten haben

futures contract   Terminkontrakt (Erläuterungen und Fallbeispiele: interest rate futures, currency futures, stock index futures)

futures contract settlement   Abwicklung (Glattstellung) eines Terminkontraktes

Terminkontrakte werden in der Regel physisch nicht erfüllt, d.h. Kontraktpositionen werden vor ihrer Fälligkeit durch Gegengeschäfte glattgestellt (Verkauf erworbener Kontrakte bzw. Rückkauf leerverkaufter Kontrakte). Dabei gelangt die Differenz zwischen dem kontrahierten und dem aktuellen Preis zur Auszahlung.

Futures Exchange   Terminbörse

futures exposure   Risiko aus Terminkontrakt-Positionen, Engagement am Terminkontraktmarkt

futures gain   Gewinn aus einer Terminkontrakt-Position

futures hedging   Absicherung von Zins-, Kurs- oder Währungsrisiken durch Terminkontrakte (→ hedging with long /short futures positions)

futures loss　　Verlust aus einer Terminkontrakt-Position

futures margin　　Einschußzahlung auf einen Terminkontrakt
(→ margin)

futures market　　Terminkontraktmarkt

　Der Futures Market (Terminkontraktmarkt) unterscheidet
　sich vom Forward Market (Terminmarkt) vor allem in einem
　Punkt: Forward transactions (Termingeschäfte) sind zu
　einem bestimmten Termin und Preis durch Lieferung und
　Abnahme zu erfüllen. Terminkontrakte hingegen werden in
　der Regel physisch nicht erfüllt (→ futures contract
　settlement).

futures option　　Option auf einen Terminkontrakt; → futures
　call (put) option

futures position　　Terminkontrakt-Position

futures price　　Terminkontraktpreis

futures put option　　Verkaufsoption auf einen Terminkontrakt

　Mit dieser Option ist für ihren Erwerber das Recht, aber
　nicht die Verpflichtung verbunden, einen Terminkontrakt
　innerhalb einer bestimmten Frist oder an einem bestimmten
　Tag zu einem vorher vereinbarten Preis zu verkaufen. Diese
　Terminkontraktposition wird entweder sofort oder später
　durch ein Gegengeschäft geschlossen (→ futures contract
　settlement).

futures reversal　　Schließung einer Terminkontrakt-Position
　durch ein Gegengeschäft

futures settlement　　→　futures contract settlement

futures trading　　Terminkontrakthandel

G

Gamma Gamma-Faktor   Der Gamma-Faktor zeigt den Umfang an, in dem sich der Delta-Faktor bei Fluktuationen des zugrunde liegenden Wechselkurses verändert

gilt contract / gilt futures contract   Zins-Terminkontrakt (basiert auf kurz- bzw. langlaufenden britischen Staatspapieren / short bzw. long gilts)

gilt primary dealers   Wertpapier-Händlerfirmen, die im Zuge der Neuordnung des britischen Wertpapiersektors von der Bank of England die Berechtigung zum Handel in Staatspapieren erhalten haben

Ginnie Mae contract   → GNMA contract

global bond   Globalzertifikat (verkörpert einen Schuldtitel bis zur Ausstellung der endgültigen Anleihezertifikate)

globalisation of markets   Globalisierung der Märkte (wird durch innovative Instrumente und moderne Informations- bzw. Kommunikationsmedien ermöglicht, die die internationalen Finanzmärkte miteinander verbinden und einen Handel rund um die Uhr fördern)

global note facility   Rahmen-Fazilität, die eine Liquiditätsbeschaffung sowohl durch die Emission von Euronotes als auch durch die Begebung von Commercial Paper am US-Markt ermöglicht

GNMA contract   Zins-Terminkontrakt (basiert auf Pfandbriefen der Government National Mortgage Association; Kontraktgröße US $ 100.000; Mindestwertschwankung des Kontraktpreises US $ 31.25)

going short (long)   in Verbindung mit Options- bzw. Terminkontrakten: Eröffnung einer Verkaufs- (Kauf-) Position in dem jeweiligen Kontrakt, Verkauf (Kauf) eines Kontraktes

golden handcuffs hohe Sonderzahlungen an leitende Mitarbeiter, die sich für einen langen Zeitraum an ein Unternehmen binden

golden parachutes Abfindungszahlungen an ausscheidende leitende Angestellte (z.B. an das Management eines übernommenen Unternehmens)

graduated adjustment coupon bond Titel mit gestaffeltem Zinssatz

grantor Optionsverkäufer (→ option)

grantor underwritten notes Variante einer → note issuance facility

greenmail Kombination der Worte blackmail (Erpressung) und greenback (umgangssprachlich für US Dollar)

Der Begriff kennzeichnet eine Situation, in der ein Unternehmen eine drohende Übernahme durch seine Bereitschaft abwehrt, die von einem → black knight gehaltenen Aktien zu einem überhöhten Preis zurückzukaufen.

grey market in Verbindung mit Emissionen: grauer Markt (unreglementierter Handel in einer Neuemission vor ihrer Begebung)

grid note system stückeloses Clearing-System für Euronotes

gross margining Entrichtung von Einschußzahlungen auf jede offene Kauf- und Verkaufsposition in einem Terminkontrakt, d.h. ein Marktteilnehmer mit 80 Kaufpositionen und 95 Verkaufspositionen leistet Einschußzahlungen auf 175 Kontrakte.

Beim net margining hingegen werden die Positionen gegeneinander aufgerechnet und der Marktteilnehmer muß die Einschüsse nur auf 15 Kontrakte entrichten.

gross spread (a) Gesamtsumme der Konsortialprovisionen; (b) Bruttospanne

guaranteed rate contract Festsatzvereinbarung

Eine Bank und ein Unternehmen vereinbaren für eine zinsvariable Verbindlichkeit des Unternehmens einen festen

guaranteed rate contract
Zinssatz (8%) für einen bestimmten Zeitraum (12 Monate).
Ziehen die Zinssätze in dieser Zeit auf 9 % an, wird die
Bank dem Unternehmen die Zinsmehrkosten vergüten. Sinken
die Zinssätze hingegen auf 7 %, wird das Unternehmen der
Bank den Unterschiedsbetrag vergüten.

GUNs → grantor underwritten notes

H

harmless debt warrants Optionsrechte auf zusätzliche Anleihestücke, die von ihren Inhabern nur geltend gemacht werden
können, wenn zum Zeitpunkt der Ausübung die vorgeschaltete
Anleihe (front/ host bond) zurückgegeben wird. Auf diese
Weise wird sichergestellt, daß die im Umlauf befindlichen
Schuldtitel des Emittenten zu keinem Zeitpunkt einen bestimmten Betrag überschreiten.

hedge Sicherungsgeschäft, Hedge; → hedging with call (put)
options; hedging with long (short) futures positions

hedged interest rate (currency) exposure abgesichertes Zins-
(Währungs-) Risiko

hedge effectiveness Sicherungs-Effizienz (zeigt den Umfang an,
in dem die Hedge-Position den bei der Kassamarktposition
erlittenen Opportunitätsverlust ausgleichen konnte)

hedge performance Wertentwicklung der zu Sicherungszwecken
eröffneten Options- oder Terminkontrakt-Position

hedge position Hedge-Position; Options- oder Terminkontrakt-
position, die zur Absicherung einer Grundposition eröffnet
wurde

hedge position profit (loss)　　　Sicherungsgewinn (-verlust)

hedger　　　Sichernde, Hedger

hedge ratio　　　Hedge-Faktor (bestimmt, ausgehend von der Volatilität des zugrunde liegenden Marktes, die Zahl der Kontrakte, die zur Absicherung einer Grund- bzw. Kassamarktposition erforderlich sind)

hedging cost　　　Sicherungskosten

hedging device (instrument, tool)　　　Sicherungsinstrument

hedging with call (put) options / hedging with long (short) options
Absicherung von Zins-, Kurs- oder Währungsrisiken durch Kauf- oder Verkaufsoptionen

Mit Optionen ist für den Hedger das Recht, aber nicht die Verpflichtung verbunden, eine bestimmte Basisgröße zu einem vorher vereinbarten Preis/Kurs innerhalb einer vereinbarten Frist oder an einem bestimmten Tag zu kaufen oder zu verkaufen.

Der Optionsinhaber kann sich somit gegen Zins- oder Währungsrisiken absichern, ohne daß er auf den Gewinn aus einer für ihn günstig verlaufenden Kursentwicklung verzichten muß. Bietet der Kassamarkt zum Zeitpunkt der Optionsausübung günstigere Konditionen, wird er die Option verfallen lassen und die gezahlte Prämie als Verlust in Kauf nehmen (→ currency option, interest rate option).

hedging with long (short) futures positions　　　Absicherung von Zins-, Kurs- oder Währungsrisiken durch den Erwerb oder Leerverkauf von Terminkontrakten

Beim Hedging mit Terminkontrakten wird eine Kassaposition (Grundposition) durch den Aufbau einer in Art und Umfang korrespondierenden Kauf- oder Verkaufsposition am Terminkontraktmarkt gesichert.

Wertverluste, die sich in der Folgezeit im Hinblick auf die Grundposition ergeben, werden durch eine Wertsteigerung der Terminkontraktposition weitgehend kompensiert. Eine vollständige Kompensation ist nicht möglich, da zum einen die Beträge und Fälligkeitstermine der Grundpositionen in der Regel von denen der Kontrakte abweichen und zum anderen die

hedging with long (short) futures positions

> Entwicklung der Kassa- und Terminkontraktkurse nicht völlig parallel verlaufen wird.
>
> Ferner ist zu beachten, daß dem Vorteil der weitgehenden Risikoausschaltung der Nachteil des Verzichts auf eine mögliche positive Preisänderung der Kassa- bzw. Grundposition gegenübersteht. Mit anderen Worten: Entsteht bei der Kassaposition ein Opportunitätsgewinn und nicht der prognostizierte Opportunitätsverlust, wird diesem Gewinn aufgrund des in beide Richtungen wirkenden Kompensationseffektes ein Wertverlust aus der Terminkontraktposition gegenüberstehen.

HIBOR / Hongkong Interbank Offered Rate   Interbanken-Angebotssatz am Finanzplatz Hongkong

host bond   →   front bond

hostile bid   unerwünschtes Übernahmeangebot

house rules   Geschäftsbedingungen eines Brokers im Hinblick auf Terminkontraktgeschäfte: Höhe der zu leistenden Einschußzahlungen (initial margin), des zu unterhaltenden Mindestzuschusses (maintenance margin), Nachschußforderungen (margin calls), etc. → margin

hybrid financing instruments   hybride Finanzierungsinstrumente (Finanzierungsinstrumente, die Elemente des Geld-, Kredit- und Kapitalmarktes miteinander verbinden)

I

ICC → Intermarket Clearing Corporation

ICCH → International Commodities Clearing House

IDB → interdealer broker

immunised warrant structure Optionsanleiheklausel, die dem Emittenten das Recht gibt, das nach Abtrennung der Optionsscheine verbleibende → front bond zu kündigen

impact day erster Tag, an dem eine Emission gehandelt wird

indemnity bond Deckungslinie (Auffanglinie) in Verbindung mit einer Commercial-Paper-Emission

index contract trading Handel in Index-Terminkontrakten

indexed bond Schuldtitel, dessen Zinssatz an einen bestimmten Referenzsatz gekoppelt ist

index futures contract Index-Terminkontrakt

Index-Terminkontrakte basieren in den Vereinigten Staaten auf einer Reihe unterschiedlicher Indizes, z.B. Index der Unternehmensgewinne, der Neubauvorhaben, des Automobilabsatzes, der Verbraucherpreise oder Frachtraten. Die bei weitem größten Umsätze werden jedoch bei Kontrakten auf Aktienindizes erzielt (→ stock index futures contract).

index futures option contract Option auf einen Index-Terminkontrakt (z.B. Option auf einen Aktienindex-Terminkontrakt)

index option Option auf einen Index

initial lead group   erste Gruppe der Führungsbanken

initial margin   Einschußzahlungen, die Erwerber und Verkäufer von Terminkontrakten bei Abschluß einer Transaktion leisten müssen. Im Falle der börsengehandelten Optionskontrakte ist ein initial margin in der Regel nur durch Kontrakt-Verkäufer zu entrichten. (→ margin)

initial public offering   Neuemission am US-Aktienmarkt

Zum Zeitpunkt der Drucklegung werden in den Vereinigten Staaten unter IPOs in erster Linie Zeichnungsangebote für Aktien junger Unternehmen verstanden. IPOs sind oft Gegenstand eines starken spekulativen Interesses (→ dolphins/flippers)

Instinet   Institutional Networks   elektronisches Informationsnetz für Wertpapiernotierungen

insurance company's letter of credit   Gewährleistungsgarantie einer Versicherungsgesellschaft in Verbindung mit einer → Commercial-Paper-Emission

integrated cross currency swap   kombinierter Zins- und Währungs-Swap (→ interest rate swap, currency swap)

intercurrency spreading   gleichzeitiger Kauf und Verkauf von Devisen-Terminkontrakten in unterschiedlichen Währungen (z.B. Kauf eines Yen-Kontraktes und Verkauf eines DM-Kontraktes; → currency futures contract, S. 28)

interdealer broker   Wertpapier-Haus, das im Rahmen des neugeordneten Marktes für britische Staatspapiere (Gilts) Geschäfte auf Arbitragebasis zwischen → primary dealers vermittelt und eine ausreichende Marktliquidität gewährleistet

interest bid   Zinsgebot   (→ tender panel)

interest futures contract   → interest rate futures contract

interest hedge cost   Zinssicherungskosten

interest rate cap   Zinsobergrenze, Höchstzins   (→ cap)

interest rate capping	Festlegung einer Zinsobergrenze (→ cap)
interest rate collar	Mindestzins, Zinsuntergrenze
interest rate contract	→ interest rate futures contract
interest rate exposure	Zinsrisiko
interest rate futures contract	Zins-Terminkontrakt, Terminkontrakt auf einen Zinstitel

Entwicklung

Der erste Zins-Terminkontrakt wurde in den Vereinigten Staaten im Oktober 1975 am Chicago Board of Trade eingeführt und basierte auf Zertifikaten der Government National Mortgage Association. Das Interesse an diesem Kontrakt sowie an dem ein Jahr später an der Nachbarbörse, dem Chicago Mercantile Exchange, aufgelegten Treasury Bill contract hielt sich zunächst in engen Grenzen. Das spektakuläre Umsatzwachstum setzte erst Anfang der achtziger Jahre ein, als unter dem Eindruck steigender Risiken an den internationalen Finanzmärkten die Nachfrage nach innovativen Hedging-Instrumenten wuchs.

Hedging-Konzept

Die Absicherung von Zinsrisiken durch Zins-Terminkontrakte basiert auf einem einfachen Konzept: Eine Kassamarktposition (Grundposition) wird durch den Aufbau einer in Art und Umfang korrespondierenden Kauf- oder Verkaufsposition am Terminkontraktmarkt gesichert.

Opportunitätsverluste, die sich in der Folgezeit im Hinblick auf die Grundposition ergeben, werden durch eine Wertsteigerung der Terminkontraktposition weitgehend kompensiert. Eine vollständige Kompensation ist nicht möglich, da zum einen die Beträge und Fälligkeitstermine der Grundpositionen in der Regel von denen der Kontrakte abweichen und zum anderen die Entwicklung der Kassa- und Terminkontraktkurse nicht völlig parallel verlaufen wird.

Für die Kontraktwahl ist die zu sichernde Grundposition ausschlaggebend. Liegt ihr eine dem Geldmarkt zuzuordnende Transaktion zugrunde, wird der Hedger einen auf einen kurzfristigen Titel basierenden Kontrakt wählen, z.B. Eurodollar, Short Sterling oder Treasury Bill contract. Ist hingegen ein Kapitalmarktgeschäft zu hedgen, wird er sich für einen Kontrakt auf einen längerfristigen Zinstitel entscheiden, z.B. Treasury Note, Treasury Bond contract.

interest rate futures contract

Erwerb eines Terminkontraktes (Eröffnung einer Kaufposition)

Der Finanzchef eines Unternehmens erwartet für März 86 Zahlungseingänge in Höhe von US $ 10 Mio, die für drei Monate als Dollar-Festgeld angelegt werden sollen. Da er Ende August 85 einen weiteren Zinsrückgang und somit einen geringeren Zinsertrag aus der im März 86 vorzunehmenden Anlage befürchtete, erwarb er 10 März-Eurodollar-Kontrakte (â US Dollar 1 Mio), die zu diesem Zeitpunkt mit 91,72 notiert wurden. Die Notierungen ergeben sich durch Abzug der jeweiligen Zinssätze von 100.

Nach dem Eingang der erwarteten Beträge im März wurde die Kontraktposition parallel zu der geplanten Anlage durch den Verkauf der Kontrakte geschlossen. Da sich das Zinsniveau zu diesem Zeitpunkt wie erwartet zurückgebildet hatte, konnte der Finanzchef aufgrund des gleichzeitigen Anstiegs des Kontraktpreises den folgenden Sicherungsgewinn verbuchen:

Kauf zu 91.30 - Verkauf zu 92.70 =
140 Basispunkte x $ 25 (Wert eines Basispunktes) x 10 (Anzahl der Kontrakte) = US $ 35.000

Mit dem nach Abzug des Transaktionsaufwandes verbleibenden Nettobetrag konnte der Opportunitätsverlust (geringerer Zinsertrag) weitgehend kompensiert werden.

Verkauf eines Terminkontraktes (Eröffnung einer Verkaufsposition)

Ein Unternehmen muß im Dezember 86 in Verbindung mit einem größeren Investitionsvorhaben einen kurzfristigen Überbrückungskredit in Höhe von US $ 10 Mio aufnehmen. Bereits im März 86 ist der Finanzchef an einer festen Kalkulationsgrundlage interessiert. Da er zudem für die kommenden Monate mit einem leichten Zinsanstieg rechnet, entscheidet er sich für die folgende Hedging-Strategie:

Er eröffnet eine Leerverkaufsposition, d.h. er verkauft 10 Dezember-Eurodollar-Kontrakte, die Mitte März mit 91.75 notiert werden. Diese Terminposition wird am Tag der Kreditaufnahme durch den Rückkauf der Kontrakte geschlossen. Sollte der Finanzchef aufgrund des gestiegenen Zinsniveaus im Dezember 86 den Kredit zu 9% aufnehmen müssen, würde sich aufgrund des gleichzeitigen Rückganges des Kontraktpreises der folgende Sicherungsgewinn ergeben:

interest rate futures contract

Verkauf zu 91.75 - Rückkauf zu 90.85 =
90 Basispunkte x $ 25 x 10 = US $ 22.500

Um ungefähr den gleichen Betrag würden sich die Kosten für den erwähnten Überbrückungskredit erhöhen.

Kommt es andererseits während der Hedging-Periode zu einem weiteren Zinsrückgang, wird aus der Kontraktposition ein Verlust entstehen, der aber durch den gegenüber der Kalkulationsgrundlage geringeren Finanzierungsaufwand kompensiert wird.

Spekulation mit Zins-Terminkontrakten

Zins-Terminkontrakte werden wie alle Kontrakte auf Finanztitel nicht nur von Hedgern, sondern auch von Tradern erworben bzw. verkauft. Bei den letztgenannten handelt es sich um spekulativ eingestellte Marktteilnehmer, die sich aus der Übernahme offener Risikopositionen Gewinne erhoffen. Erwarten sie eine Zurückbildung des Zinsniveaus, werden sie Kontrakte erwerben, bei einem Zinssteigerungstrend hingegen Kontrakte verkaufen.

Beispiel: Ein Trader erwirbt über seinen Broker am Chicago Board of Trade einen Treasury Bill Kontrakt zum Kurs von 90. Da sich die von den Börsen festgelegten Mindesteinschüsse bei spekulativen Geschäften bzw. Einschaltung eines Brokers um das Zwei- bis Dreifache erhöhen, beläuft sich die zu leistende Einschußzahlung auf US $ 3500.

In den folgenden Monaten bildet sich das Marktzinsniveau um 1 % zurück, so daß der Kontrakt mit 91 notiert wird. Bei einer Mindestwertschwankung von $ 25 pro Basispunkt hat sich das von dem Kontraktinhaber eingesetzte Kapital um $ 2500 (1 % = 100 Basispunkte x 25) auf $ 6000 erhöht.

Der Trader kann nun die Position durch ein Gegengeschäft glattstellen, sie in Erwartung einer weitergehenden Zinssenkung vorläufig offenlassen und/oder den erzielten Gewinn abdisponieren. Er kann den Gewinn aber auch auf seinem Broker / Margin Account belassen und auf diese Weise die Einschußzahlungen für den Erwerb zusätzlicher Kontrakte abdecken.

Kommt es hingegen nach dem Erwerb des Kontraktes zu einem Anstieg der Marktsätze um 1 %, fällt die Notierung des Kontraktes auf 89. Mit anderen Worten: Das vom Trader eingesetzte Kapital hat sich um $ 2500 vermindert und beträgt nur noch $ 1000. In

interest rate futures contract

diesem Fall wird er zu Nachschußzahlungen aufgefordert werden, damit der vom Brokerhaus festgelegte Mindesteinschuß (maintenance margin) wieder erreicht wird. Dieser Mindesteinschuß ist in der Regel mit dem Anfangseinschuß (initial margin) identisch.

Gehandelt werden Zins-Terminkontrakte in erster Linie an den beiden großen US-Terminbörsen, dem Chicago Board of Trade und dem Chicago Mercantile Exchange, sowie am London International Financial Futures Exchange.

Die Kontraktgrößen betragen bei den Kontrakten auf kurzfristige Zinstitel (Eurodollar, Certificate of Deposit und Treasury Bill Kontrakt) jeweils US $ 1.000.000, bei den Kontrakten auf mittel- bzw. langfristige Zinstitel (Treasury Note bzw. Treasury Bond Kontrakt) jeweils US $ 100.000.

S p r e a d   T r a d i n g

Unter Spread trading ist der gleichzeitige Kauf und Verkauf von Zinstitel-Terminkontrakten zu verstehen. Ziel dieser Transaktionen ist es, geringe relative Preisschwankungen von identischen oder verwandten Kontrakten zu nutzen, z.B. durch den gleichzeitigen Kauf und Verkauf von Treasury Bill Kontrakten mit unterschiedlichen Liefermonaten (z.B. September und Dezember) oder durch den Erwerb der kurzfristigen T-Bill Kontrakte und Verkauf der langfristigen T-Bond Kontrakte.

Die letztgenannte Spreading-Möglichkeit bietet sich an, wenn die Entwicklung der kurz- und langfristigen Zinssätze nicht parallel verläuft. Geht der Spreader von der Erwartung aus, daß die kurzfristigen Zinssätze schneller als die langfristigen steigen, wird er Kontrakte auf langfristige Titel verkaufen und Kontrakte auf kurzfristige Titel erwerben. Rechnet er hingegen mit einer umgekehrten Entwicklung, wird er Kontrakte auf kurzfristige Titel verkaufen und langfristige erwerben.

E n t w i c k l u n g   d e r   l e t z t e n   J a h r e

Mit einer Umsatzsteigerung von 22 Mio Kontrakten im Jahr 1981 auf mehr als 55 Mio Kontrakte im Jahr 1985 hat der Handel in Zins-Terminkontrakten in den Vereinigten Staaten besonders im abgelaufenen Jahr einen fulminanten Aufschwung erlebt. Gleichzeitig entfielen auf diese Kontrakte 35 % aller Transaktionen in Finanz-Terminen.

interest rate futures contract

Auch in der Bundesrepublik beginnen sich die Zins-Terminkontrakte immer stärker durchzusetzen. Begrüßt wurden sie vor allem von den Kreditinstituten, die mit diesen Instrumenten Fristeninkongruenzen in ihrem Aktiv- und Passivgeschäft abdecken und somit Zinsänderungsrisiken weitgehend ausschalten können. Börsenfreie Varianten von Zins-Terminkontrakten (→ future rate agreements) werden an den Interbank-Märkten gehandelt.

Gegenüber den herkömmlichen Sicherungsstrategien, die in der Regel auf Transaktionen am Geldmarkt basieren, haben die Terminkontrakte den Vorteil, daß mit ihnen keine Ausweitung der Bilanz oder Inanspruchnahme von Geldhandelslinien verbunden ist. Die aufsichtsrechtliche Behandlung der Zins-Terminkontrakte ist Gegenstand einer intensiven Diskussion, die gegenwärtig auf verschiedenen Ebenen geführt wird.

interest rate guarantee   Zins-Garantie (bei Ausübung der Option werden einem Kreditnehmer Zinsmehrkosten, d.h. Anstieg des Marktzinses über den vereinbarten Satz, oder einem Kreditnehmer Zinsverluste, d.h. Rückgang des Marktzinses unter den vereinbarten Satz, vergütet)

interest rate option   Zinsoption

Neben den Zins-Terminkontrakten bieten sich vor allem die Zinsoptionen zur Absicherung von Zinsrisiken an. Sie erweisen sich oft als ein wesentlich flexibleres Instrument, ist doch mit ihnen für den Erwerber das Recht, aber nicht die Verpflichtung verbunden, einen Zinssatz oder ein Wertpapier zu einem vereinbarten Preis (strike rate) zu einem bestimmten Zeitpunkt zu beziehen (call option) oder anzudienen (put option).

Für dieses Recht zahlt der Optionserwerber dem Optionsverkäufer eine Prämie, deren Höhe durch verschiedene Faktoren bestimmt wird: Nähe des Basispreises zum aktuellen Marktsatz, Restlaufzeit des Optionskontraktes, zurückliegende Zinsvolatilität. Neben diesen technischen Komponenten sind die Erwartungen des Optionsverkäufers hinsichtlich der weiteren Zinsentwicklung sowie Angebot und Nachfrage ausschlaggebend. In der Regel wird die Optionsprämie zwischen 2 und 5 % des zu sichernden Betrages liegen.

B ö r s e n f r e i e   Z i n s o p t i o n e n

Wie bei allen Optionen wird auch bei Zinsoptionen zwischen börsenfreien Optionen (OTC interest rate options) und den börsengehandelten Optionen (exchange-traded interest rate options) unterschieden. Börsenfreie Zinsoptionen werden in erster Linie durch Bankinstitute verkauft, da diese immer noch die bevorzugte Adresse bei Zinssicherungswünschen sind.

interest rate option

Beispiel: Ein Unternehmen beteiligt sich an einer Ausschreibung zur Lieferung einer Fertigungsanlage. Sollte das Unternehmen den Zuschlag erhalten, über den jedoch erst in drei Monaten entschieden wird, muß in zwölf Monaten aufgrund der Auftragsbedingungen ein Lieferantenkredit in Höhe von DM 10 Mio für einen Zeitraum von vier Jahren zu einem Festzinssatz bereitgestellt werden. Da einerseits die Auftragserteilung und die weitere Zinsentwicklung ungewiß sind, der Finanzchef andererseits eine feste Kalkulationsgrundlage benötigt, erwirbt er bei seinem Kreditinstitut eine Zinsoption auf den abzusichernden Betrag. Vereinbart wird bei einem aktuellen Festzinssatz von 7 % ein Basispreis von 8% sowie eine Optionsprämie von 3%, d.h. das Unternehmen muß bei Abschluß des Optionskontraktes eine Prämienzahlung in Höhe von DM 300.000 leisten.

Der Finanzchef hat sich auf diese Weise gegen einen möglichen Zinsanstieg abgesichert, ohne daß er auf die Vorteile aus einer für ihn günstig verlaufenden Zinsentwicklung verzichten muß. Erhält das Unternehmen den Zuschlag und liegt der Marktzins mit 9 % zum Zeitpunkt der Kreditaufnahme über dem abgesicherten Niveau von 8 %, wird es die Option ausüben. Mit anderen Worten: Die Bank muß den Unterschied zwischen dem vereinbarten Basiszinssatz und dem aktuellen Marktsatz vergüten. Entspricht der Marktzins jedoch dem abgesicherten Niveau oder liegt er sogar noch darunter, wird das Unternehmen die Option nicht ausüben und den Kredit zum aktuellen Satz aufnehmen. In diesem Fall verteuert sich der Einstandspreis um die Optionsprämie. Der Optionserwerber muß demzufolge beachten, daß sich ein abgesichertes Zinsniveau in jedem Fall um die Optionsprämie verteuert.

Neben dieser Grundform einer börsenfreien Zinsoption wurden verschiedene Techniken zur Begrenzung der Risiken aus variablen Zinsverpflichtungen entwickelt, die unter den Bezeichnungen → cap (Zinsbegrenzung nach oben), floor (Zinsbegrenzung nach unten),→ collar (Zinsbegrenzung nach oben und nach unten) bekannt sind. Die Wirkungsweise dieser Techniken wird unter den jeweiligen Begriffen erläutert.

B ö r s e n g e h a n d e l t e   Z i n s o p t i o n e n

Wie eingangs erwähnt, können auch an den Börsen Zinsoptionen erworben werden, die auf korrespondierenden Zins-Terminkontrakten basieren (z.B. Eurodollar-, Treasury Bond/Note-Kontrakt). Bei Ausübung dieser Optionen wird für den Inhaber einer Kauf- bzw. Verkaufsoption eine Kauf- bzw. Verkaufsposition in dem jeweiligen Terminkontrakt zum vereinbarten Basispreis eröffnet. Diese Terminkontrakt-Position wird entweder sofort oder später durch ein Gegengeschäft geschlossen (→ interest rate futures contract). Da es sich bei den Börsenoptionen um handelbare Kontrakte handelt, können sie jederzeit während ihrer Laufzeit zu den aktuellen Marktpreisen und Optionsprämien wieder verkauft oder zurückgekauft werden. Die Optionskontrakte werden von der Clearingstelle der Optionsbörse gegeneinander aufgerechnet, so daß keine

interest rate option

physische Erfüllung der Kontrakte erfolgen muß. In der Tat werden die meisten Optionspositionen vor ihrem Auslauftermin geschlossen, um entweder einen erzielten Wertzuwachs zu realisieren oder Verluste zu begrenzen.

Für Engagements am Zins-Optionsmarkt gilt die folgende Grundregel: Der Erwerb von Kaufoptionen ist angezeigt, wenn mit fallenden Zinssätzen und somit steigenden Eurodollar-Terminkontraktpreisen zu rechnen ist. Umgekehrt empfiehlt sich bei einem Zinssteigerungstrend und demzufolge fallenden Kontraktpreisen der Kauf von Verkaufsoptionen.

Marktteilnehmer haben die Wahl zwischen unterschiedlichen Basispreisen (→ strike prices), die zusammen mit den entsprechenden Optionsprämien in führenden Finanzzeitungen veröffentlicht werden bzw. über verschiedene Informationssysteme abgerufen werden können.

Die Basispreise ergeben sich durch Abzug des jeweiligen Zinssatzes von 100. Durch die Quotierung verschiedener Basispreise kann der Marktteilnehmer zwischen → in-the-money, at-the-money und out-of-the money options wählen.

Für die ED-Option (Option on the three-month Eurodollar interest rate futures contract) des LIFFE wurden zum Beispiel am 3.12.85 die folgenden Basispreise und Prämien quotiert:

Basispreise	Kaufoptions-Prämien			Verkaufsoptions-Prämien		
	Dez.	März	Juni	Dez.	März	Juni
90.50	1.33	1.34	1.24	0.00	0.01	0.07
91.00	0.83	0.87	0.83	0.00	0.04	0.16
91.50	0.33	0.46	0.49	0.00	0.13	0.32
92.00	0.01	0.18	0.24	0.18	0.35	0.57
92.50	0.00	0.04	0.10	0.67	0.71	0.93

Bei einem Basispreis von 92 und einer Prämienquotierung von 0.24 für die Juni-Kaufoption, muß der Optionserwerber eine Prämienzahlung in Höhe von US $ 600 (24 x US $ 25) leisten. Da die Kaufoptions-Prämie von 0.24 dem Basispreis von 92 hinzugeschlagen wird, ergibt sich für den Erwerber einer Kaufoption ein Satz von

$$100 - (92 + 0.24) = 7{,}76\ \%$$

interest rate option

Umgekehrt wird bei einer Verkaufsoptionsprämie von 0.57, die von dem Basispreis 92 in Abzug gebracht wird, dem Erwerber dieser Verkaufsoption ein Satz von

$$100 - (92 - 0.57) = 8{,}57 \%$$

garantiert.

Spreads und Straddles

Bei Zinsoptionen besteht wie bei allen Optionskontrakten die Möglichkeit, unter Inkaufnahme einer Gewinnbegrenzung das Optionsrisiko bzw. den Prämienaufwand zu reduzieren. Marktteilnehmer errichten zu diesem Zweck sogenannte Option spreads, d.h. sie erwerben und verkaufen gleichzeitig Optionskontrakte. Je nachdem, ob der Marktteilnehmer auf Hausse oder Baisse setzt, ist zwischen Hausse/Baisse-Spreads mit Kaufoptionen (bull/bear call spreads) und Hausse/Baisse-Spreads mit Verkaufsoptionen (bull/bear put spreads) zu unterscheiden.

Beispiel: Ein Baisse-Spread mit Verkaufsoptionen (bear put spread) empfiehlt sich für einen Marktteilnehmer, der sich gegen steigende Zinssätze am Euromarkt absichern möchte. Er erwirbt zu diesem Zweck eine Verkaufsoption, deren Basispreis über dem der gleichzeitig verkauften Verkaufsoption liegt.

Durch den gleichzeitigen Verkauf einer Verkaufsoption mit einem niedrigeren Basispreis und einer niedrigeren Prämie kann er zum einen seinen Prämienaufwand in Verbindung mit dem Optionserwerb und zum anderen das Optionsrisiko verringern. Dieses Risiko ist auf die Differenz zwischen der vereinnahmten und der gezahlten Prämie begrenzt, denn würden die Zinssätze konträr zu den Erwartungen fallen und somit einen Anstieg der Terminkontraktpreise auslösen, würden beide Optionen nicht ausgeübt werden.

Kommt es hingegen zu der prognostizierten Anhebung des Zinsniveaus und ist gleichzeitig von einem anhaltenden Zinssteigerungstrend auszugehen, wird der Marktteilnehmer die verkaufte Verkaufsoption zurückkaufen und mit der erworbenen Verkaufsoption von den aufgrund steigender Zinssätze fallenden Terminkontraktkursen profitieren.

Während bei den Option-Spreads Optionskontrakte der gleichen Kategorie (also jeweils Kauf- oder Verkaufsoptionen) mit unterschied-

interest rate option

lichen Basispreisen und Laufzeiten gleichzeitig ge- und verkauft werden, kommt es bei den Option-Straddles zum gleichzeitigen Kauf einer Kauf- und Verkaufsoption oder zum gleichzeitigen Verkauf einer Kauf- und Verkaufsoption. Basispreise und Verfallmonate sind bei den Straddles identisch. Ihre Eröffnung empfiehlt sich entweder bei einer hohen Volatilität der Zinssätze (Erwerb einer Kauf- und Verkaufsoption) oder bei einem stabilen Zinsniveau (Verkauf einer Kauf- und Verkaufsoption).

Der Nachteil der börsengehandelten Zinsoptionen gegenüber den börsenfreien Instrumenten ist vor allem in der Tatsache zu sehen, daß sie im Hinblick auf Betrag und Fälligkeit nicht auf den individuellen Zinssicherungsbedarf der Kunden zugeschnitten werden können. Zudem eignen sie sich nur für den kurzfristigen Sicherungsbedarf. Wird eine mittel- bis langfristige Absicherung gesucht, müßten die börsengehandelten Optionskontrakte ständig übergewälzt werden, da sie nur mit Laufzeiten bis zu maximal zwölf Monaten zur Verfügung stehen.

interest rate swap   Zins-Swap

D e f i n i t i o n

Bei einem Zins-Swap kommt es zu einem Tausch von festen und variablen Zinsverpflichtungen auf identische und währungskongruente Kapitalbeträge, d.h. A übernimmt variable Zinsverpflichtungen von B, während B in die festen Zinsverpflichtungen von A eintritt. Der Swap erstreckt sich nur auf den Tausch dieses Zinsaufwandes.

G r u n d b e i s p i e l e

Der Zins-Swap führt in seiner Grundform Partner zusammen, die bonitätsmäßig unterschiedlich eingestuft werden oder über unterschiedliche Marktpositionen bzw. -stärken verfügen.

In der Praxis handelt es sich bei dem einen Partner oft um eine erste Bankadresse (A), die über Anleihebegebungen Festsatzmittel zu attraktiven Konditionen bereitstellen kann, jedoch aus unterschiedlichen Gründen zinsvariablen Verpflichtungen den Vorzug gibt (z.B. Bedarf an zinskongruenten Mitteln zur Refinanzierung

interest rate swap

des langfristigen Kreditportefeuilles, Erweiterung des Refinanzierungsfächers bzw. größere Unabhängigkeit vom Interbanken-Markt, etc.).

Kontrahent ist in der Regel eine nicht kapitalmarktfähige Industrieadresse (B), die sich wohl zinsgünstige Mittel auf variabler Basis (z.B. am Geldmarkt) beschaffen kann, jedoch an langfristigen Festsatzkonditionen interessiert ist. Durch die Übernahme der festen Zinsverpflichtungen von A, kommt der Schuldner B in den Genuß von Kreditkonditionen, die von ihm aufgrund eines niedrigeren Marktstandings nicht zu erreichen gewesen wären.

Bei vielen Swaps stehen sich ausschließlich Banken gegenüber. Beispiel: Auslandsbank B sucht zinslange Festsatz D-Mark, hat den D-Mark-Auslandsanleihe-Markt jedoch zu oft in Anspruch genommen. Bank A hingegen ist als Emittent bisher kaum in Erscheinung getreten. Bank B nimmt nun am kurzfristigen Euro-DM-Markt Gelder auf und swappt die damit verbundenen variablen Zinsverpflichtungen gegen die festen Zinszahlungen, die aus der Anleihebegebung durch A resultieren.

Die Möglichkeit, sich über Zins- bzw. kombinierte Zins- und Währungs-Swaps günstige Konditionen zu verschaffen, hat in den letzten Jahren vor allem die Weltbank genutzt. Als erstklassige Adresse konnte sie Dollar-Anleihen zu den allerbesten Konditionen an den Anleihemärkten begeben. Indem sie die Anleiheerlöse in Währungen mit stabilen Wechselkursen und niedrigen Zinsen, z.B. D-Mark und Schweizer Franken, swappte, konnte sie die Last der hohen Dollar-Zinsen mildern.

Die Intermediary-Funktion der Banken

Banken setzen Swaps nicht nur im Rahmen ihres Aktiv- und Passiv-Managements ein. Sie übernehmen am Swap-Markt auch eine Durchleitungsfunktion, d.h. sie werden als Vermittler (Arranger oder Intermediary) tätig. Als Arranger bringt die Bank swapwillige Partner zusammen, ohne bei der eigentlichen Swap-Transaktion selbst ein Risiko zu übernehmen. Als Intermediary hingegen schließt die Bank als zwischengeschalteter Vertragspartner separate Verträge mit zwei Swap-Parteien, die in keinem Vertragsverhältnis zueinander stehen und sich in der Regel auch nicht kennen.

Beispiel: Eine international operierende Unternehmensgruppe (A) benötigt mittelfristige Mittel in Höhe von US $ 50 Mio und möchte den Zinsaufwand auf einem konstanten Niveau festschreiben.

interest rate swap

Würde A ein Festsatz-Eurobond emittieren, ergäbe sich aus Kupon und Nebenkosten eine jährliche Zinsbelastung von 12 %. A ist diese Belastung zu hoch und nimmt die Mittel zu Libor plus 1/2% bei den Hausbanken auf. Um dennoch mit einem festen Zinsaufwand kalkulieren zu können, schließt A eine Vereinbarung mit einer Swap-Bank ab, derzufolge er an die Swap-Bank 10 1/4 % p.a. während der Laufzeit des Kreditvertrages mit den Hausbanken zahlt. Im Gegenzug erhält A von der Swap-Bank auf Libor basierende Zinszahlungen, mit denen er seine Libor-Verpflichtungen gegenüber den Hausbanken erfüllen kann.

Für A ergibt sich eine Gesamtbelastung von 10 3/4%, d.h.10 1/4 % p.a. Festzinszahlungen an die Swap-Bank plus 1/2 % Aufschlag auf Libor, der an die Hausbanken zu entrichten ist. Gegenüber den bei einer Eurobond-Emission anfallenden Kosten von 12 % p.a. konnte A somit seinen Zinsaufwand um 1 1/4 % p.a. reduzieren.

Zum Ausgleich der offenen Swap-Position schließt die Swap-Bank ein Swap-Geschäft mit B ab. Bei B handelt es sich um eine allererste Adresse (Bank oder internationale Organisation), die sich wohl am Interbankmarkt zu Libor verschulden kann, andererseits aber an einer Erweiterung ihres Refinanzierungsfächers und an einem Satz unter Libor interessiert ist. Aufgrund ihres Emissionsstandings kann B ein Festsatz-Bond mit einem Kupon von 9 1/2 % auflegen. In dem zweiten Swap-Vertrag leistet B nun Libor-Zahlungen an die Swap-Bank und erhält im Gegenzug Festsatz-Zahlungen in Höhe von 10 % p.a. Mit diesen festen Zinszahlungs-Eingängen bedient B den aufgelegten Titel. Dabei ergibt sich ein Zinsgewinn von 1/2 %. Nachdem B an die Swap-Bank Libor zahlt, ergeben sich für B Geldbeschaffungskosten in Höhe von Libor minus 0,5 %.

Aber auch die Swap-Bank wird aus diesen Transaktionen neben der Provision noch einen Zinsgewinn verbuchen: Zum einen leitet die Swap-Bank die von B erhaltenen Libor-Zahlungen an A weiter, zum anderen erhält sie von A feste Zinszahlungen in Höhe von 10 1/4 % p.a und zahlt umgekehrt an B 10 % p.a. fest - ein Zinsgewinn von 0,25 % p.a.

R i s i k e n

Für die Swap-Bank ist mit diesen Transaktionen das folgende Risiko verbunden: Falls A seinen 10 1/4 %igen Festzinsverpflichtungen gegenüber der Swap-Bank nicht mehr nachkommt, wird die Bank ihrerseits keine Libor-Zahlungen mehr an A leisten. Nachdem die vertraglichen Verpflichtungen der Swap-Bank gegenüber B unverändert weiterbestehen, ergibt sich das Verlustrisiko aus der Zinsdifferenz zwischen den variablen Zinszahlungen, die die Swap-Bank von B erhält und den festen Zinszahlungen, die sie an B leisten muß.

interest rate swap

Mit anderen Worten: Hat sich das Zinsniveau gegenüber den bei Abschluß der Swap-Vereinbarungen gültigen Sätzen wesentlich zurückgebildet, wird B merklich niedrigere Libor-Zahlungen leisten. Die Swap-Bank hingegen wird weiterhin ihrer 10%igen Festzinsverpflichtung gegenüber B nachkommen müssen.

Wird der Swap-Kontrakt zwischen zwei Parteien, also ohne Einschaltung einer Swap-Bank als Intermediary abgeschlossen, besteht im Grunde das gleiche Zinsrisiko.

Beispiel: A hat eine Festsatzanleihe mit einem 10 %igen Kupon emittiert und die damit verbundenen festen Zinszahlungen gegen zinsvariable Verpflichtungen getauscht.

Während der Kontraktlaufzeit fallen die Zinssätze auf 7 %. A kommt somit in den Genuß erheblicher Kosteneinsparungen und kann gegebenenfalls durch einen erneuten Swap seinen Zinsaufwand auf diesem niedrigeren Niveau festschreiben.

Kommt aber B, der die festen Zinszahlungen übernommen hat, seinen Verpflichtungen nicht mehr nach, muß A in einer Niedrigzinsphase wieder einen Hochprozenter bedienen.

Aufgrund der vielfältigen Swap-Risiken sollte jede Partei die Bonität des Partners eingehend prüfen und langfristige Zinsbewegungen zuverlässig prognostizieren können. Viele Banken sind dazu übergegangen, von ihren Swap-Partnern Sicherheiten in Höhe eines bestimmten Prozentsatzes des Kontraktwertes zu verlangen.

Vorzeitige Vertragsauflösung

Es gibt eine Reihe von Möglichkeiten, einen Swap vorzeitig aufzulösen, wenn sich die Interessenlage eines Partners verändert hat. So kann ein Swap-Geschäft durch den Abschluß eines identischen Gegen-Swaps wohl rechtlich nicht aufgehoben, in seiner Wirkung aber neutralisiert werden. Erfolgt der Abschluß des Gegen-Swaps mit dem Partner des ersten Kontraktes, wird eine gegebenenfalls anfallende Zinsdifferenz in bar ausgezahlt.

Swap-Vertragsdokumente können schließlich eine einfache Vertragsauflösung gegen Zahlung einer Gebühr, eine Option auf

interest rate swap

Abschluß eines Gegen-Swaps, sowie den Verkauf bzw. die Abtretung des Kontraktes vorsehen, wenn der die Auflösung betreibende Partner eine Partei findet, die in seine Verpflichtungen aus dem Kontrakt eintritt.

Ausstattungsmerkmale

Zins-Swaps haben in der Regel eine Laufzeit zwischen zwei und zehn Jahren und können für Zinsverpflichtungen in allen führenden Währungen abgeschlossen werden.Geswappt werden nicht nur feste und variable Zinsverpflichtungen, sondern auch variable Verpflichtungen untereinander, z.B. auf der Prime Rate basierende Zinszahlungen gegen Libor-Verpflichtungen (oder umgekehrt). Die Provisionen der Swap-Banken schwanken zwischen 1/8 und 1/2 %.

Swap-Notierungen basieren auf einem festen und einem variablen Zinssatz und orientieren sich immer an den Staatspapieren des jeweiligen Landes.

So wurden im Oktober 85 in der Bundesrepublik für Swaps mit dreijähriger Laufzeit die folgenden Festzinssätze im Tausch gegen Sechs-Monats US $ Libor angeboten: DM 6,45 %, Sfrs. 5,45 %, US $ 9,70 %.

Zusammenfassung

Von den zahlreichen Finanzinnovationen der letzten Jahre haben Zins-Swaps inzwischen ihren festen Platz im internationalen Finanzierungs-Instrumentarium gefunden. Entscheidend für das fulminante Wachstum des Zins-Swapmarktes waren in erster Linie die folgenden Faktoren:

Zins-Swaps ermöglichen maßgeschneiderte Finanzierungen bzw. Refinanzierungen, d.h. eine Mittelbeschaffung zu attraktiven Konditionen und,je nach Bedarf, auf fester oder variabler Zinsbasis. Emittenten können über kombinierte Zins- und Währungs-Swaps Titel auf den Märkten begeben,die ihnen die besten Konditionen bieten, und danach den Emissionserlös in die benötigte Valuta konvertieren. Für die am Markt beteiligten Banken ist ferner die Tatsache von Bedeutung, daß Zins-Swaps weitgehend bilanzneutral sind und die Eigenkapitalrelationen nicht belasten.

interest rate swap option → swaption

interest rate swap tender panel → swap tender panel

Intermarket Clearing Corporation   Clearingstelle für Optionskontrakte (Tochter der → Options Clearing Corporation)

intermediary   Bank, die bei einem Swap als zwischengeschalteter Vertragspartner fungiert (→ interest rate swap; Intermediary-Funktion der Banken)

International Commodities Clearing House   Internationale Clearingstelle für Terminkontrakte

International Options Clearing Corporation   Internationale Clearingstelle für Optionskontrakte (gemeinsame Clearingstelle der in einem Verbund zusammengeschlossenen Optionsbörsen von Amsterdam, Montreal, Vancouver, Sydney)

International Primary Market Association   Vereinigung der führenden Emissionshäuser am Euro-Primärmarkt

International Securities Regulatory Organisation   Selbstüberwachungsorganisation, die das internationale Wertpapiergeschäft am Finanzplatz London regulieren und den Anlegerschutz gewährleisten soll   (→ Securities and Investments Board)

International Swap Dealers Association   Vereinigung von zehn führenden Geschäfts- und Investmentbanken, die den Swap-Markt kontrollieren

interval   → strike price interval

in-the-money call → in-the-money option

in-the-money option   Eine Option wird als in-the-money option bezeichnet, wenn der Basispreis einer Kaufoption (call option) unter dem Marktpreis und der einer Verkaufsoption (put option) über dem Marktpreis des zugrunde liegenden Instruments (z.B. Währung, Terminkontrakt) liegt.

In-the-money options können mit Gewinn ausgeübt werden, da der

Basispreis in jedem Fall günstiger als der Marktpreis sein wird. Der Unterschied zwischen dem Basispreis und dem Marktpreis wird auch als → intrinsic value (Substanzwert) bezeichnet → out-of-the money option, at-the-money option

in-the-money put → in-the-money option

intracurrency spreading gleichzeitiger Kauf und Verkauf von Devisen-Terminkontrakten, die in der gleichen Währung denominiert sind, aber über unterschiedliche Liefermonate verfügen (→ intercurrency spreading)

intrinsic value Substanzwert einer Option

Man spricht von einem Substanzwert, wenn der Unterschied zwischen Basispreis und Markt- bzw. Kassakurs so groß ist, daß die Option mit Gewinn ausgeübt werden kann (→ in-the-money option).

Beispiel: Liegt der Basispreis einer DM-Kaufoption bei $ 0.39 und der aktuelle Kassakurs bei $ 0.4125, beträgt der intrinsic value $ 0.0225. Auf der Basis eines Kontraktwertes von DM 62.500 ergibt dies einen Betrag von $ 1.406,25 ($ 0.0225 x DM 62.500).

Optionen, die über keinen Substanzwert verfügen, werden als → out-of-the money options bezeichnet.

investment grade rating Einstufung als erstklassiges Anlagepapier (→ rating, AAA)

investment swap Tausch von Anlagewerten zur Sicherung der Rendite eines Portefeuilles

invitation to tender for paper Aufforderung zur Abgabe von Zinsgeboten für Schuldtitel (→ tender panel)

IOCC → International Options Clearing Corporation

IPMA → International Primary Market Association

IPO → initial public offering

IRG → interest rate guarantee

Irish wolfhounds   in Irland begebene und auf Irische Pfund lautende Auslandsanleihen

ISDA → International Swap Dealers Association

ISM → issuer set margin

ISRO → International Securities Regulatory Organisation

issue to - on a tap basis   in Tranchen und je nach Kapitalmarktlage begeben

issuer call option   Kündigungsrecht des Emittenten

issuer set margin   Distributionssystem für Euronotes: Banken übernehmen Titel in Höhe ihrer Konsortialquoten zu einem vereinbarten Satz

issuing agent   Emissionsagent (zuständig innerhalb der Führungsgruppe für die technische Abwicklung einer Emission)

J

jobber   Effekten-Eigenhändler (handelt mit Wertpapieren auf eigene Rechnung; im Zuge der für Herbst 1986 vorgesehenen Neuordnung des britischen Wertpapiersektors wird die strikte Trennung zwischen Jobbern und Brokern aufgehoben; → Big Bang)

junior subordinated debt   Schuldtitel mit Eigenmittel-Charakter (diese Titel können bei der Ermittlung der Höchstausleihegrenzen eines Kreditinstitutes dem Kapital hinzugerechnet werden)

junk bonds   hochspekulative und hochverzinsliche Schuldtitel (Junk Bonds dienen in der Regel der Finanzierung von Firmenübernahmen und werden oft durch die Aktiva der zu übernehmenden Gesellschaft abgesichert)

K

Kiwi bonds   in Neuseeland-Dollar denominierte Eurobonds

L

LBO → leveraged buyout

lead arranger   Konsortialführer (→ lead manager)

lead management fee   Führungsprovision

lead manager   Führungsbank (zuständig bei Kreditsyndizierungen oder Anleiheemissionen für die Konditionengestaltung und die Vertragsdokumentation; muß jedoch Entscheidungen mit den anderen Mitgliedern der Führungsgruppe abstimmen)

lender's put option   in Verbindung mit Anleiheemissionen: Kündigungsrecht des Gläubigers

letter of awareness / letter of comfort   Patronatserklärung (Erklärung, die eine Muttergesellschaft gegenüber der Kreditgeberin ihrer Tochtergesellschaft abgibt; in der Regel verpflichtet sich die Muttergesellschaft in dieser Erklärung die Beteiligungsverhältnisse nicht zu verändern, die Tochter mit den notwendigen finanziellen Mitteln auszustatten und sie zur Erfüllung ihrer Verpflichtungen aus dem aufgenommenen Kredit anzuhalten)

letter of credit back-up facility / letter of credit support
von einer Bank bereitgestellte Deckungslinie (Auffanglinie, Garantie), z.B. in Verbindung mit einer Emission kurzfristiger Schuldtitel

letter of intent   in Verbindung mit IWF-Krediten: Schriftstück, in dem die wirtschaftlichen Maßnahmen und Auflagen zusammengefaßt werden, an die die Gewährung eines Krediten des Internationalen Währungsfonds gekoppelt ist

letter rating   bonitätsmäßige Einstufung eines Kreditnehmers bzw. Anleiheschuldners durch Symbole (→ rating)

leverage   (a) Verschuldungsgrad, Verhältnis zwischen Fremd- und Eigenkapital; (b) Hebelwirkung

leveraged buyout   Aufkauf eines Unternehmens

Beim Leveraged Buyout (LBO) wird ein Unternehmen durch eine Investoren-Gruppe in Zusammenarbeit mit dem Firmenmanagement erworben, das sehr oft die Transaktion in die Wege geleitet hat und der Investoren-Gruppe angehört. Mit einem LBO ist in der Regel die Umwandlung einer Kapitalgesellschaft in eine Personengesellschaft verbunden.

Ziel von LBOs sind in erster Linie Unternehmen mit einem niedrigen Verschuldungsgrad und einem hohen Cash Flow. Finanziert werden die Transaktionen oft durch die Emission sogenannter → junk bonds oder durch Bankkredite, für die Investoren und Management die Vermögenswerte des zu übernehmenden Unternehmens als Sicherheit bieten.

liability swap   Tausch von Zahlungsverpflichtungen (→ interest rate swap)

LIBID → London Interbank Bid Rate

LIBOR → London Interbank Offered Rate

LIBOR-based debt   Schuldtitel (Kredite) mit an Libor gekoppelter Verzinsung

LIBOR-BILL spread   Spanne zwischen Libor und der US-Schatzwechselrate

LIBOR flat   Libor ohne Aufschlag (d.h. der üblicherweise auf Libor zu entrichtende spread oder margin entfällt)

LICOM settlement prices → London Interbank Currency Option Market Settlement Prices

LIFFE → London International Financial Futures Exchange

LIMEAN → London Interbank Mean Rate

limit down   in Verbindung mit Terminkontrakten auf Finanztitel: maximale Tagesschwankung des Kontraktpreises nach unten (z.B. 60 Basispunkte)

limited partnership   US-Objektgesellschaft (z.B. auf dem Immobiliensektor), die Einzelobjekte mit den Kapitaleinlagen von Investoren erwirbt. Nach entsprechender Wertsteigerung werden die Objekte wieder verkauft; der Erlös wird an die Investoren ausgeschüttet. In der Regel werden die Kapitaleinlagen zu den marktgängigen Sätzen verzinst.

limit up   in Verbindung mit Terminkontrakten auf Finanztitel: maximale Tagesschwankung des Kontraktpreises nach oben

liquidate   to - by making an offsetting (opposite) contract   durch ein gegengerichtetes Geschäft glattstellen

liquidity measurement guidelines   Richtlinien der Bank von England zur Liquiditätspolitik

listed option   börsennotierte Option (→ currency option)

loan facility   i.e.S.: Kredit, Kreditvereinbarung
i.w.S.: Rahmenkreditfazilität, die dem Kreditnehmer eine Liquiditätsbeschaffung über unterschiedliche Finanzierungsinstrumente ermöglicht, z.B. durch die Aufnahme kurzfristiger Bankkredite, Diskontierungs-Linien oder Begebung kurzfristiger → Euronotes

LOC support   → letter of credit support

lock   to - in a rate   einen Zinssatz (Wechselkurs) festschreiben

lock-up period   Zeitraum zwischen dem Zeichnungsschlußtag und der Ausgabe der endgültigen Zertifikate (in dieser Zeit wird die Anleihe durch ein → global bond repräsentiert)

London Commodity Exchange   Waren-Terminbörse (offeriert auch Kontrakte auf Finanztitel)

London Interbank Bid Rate   Londoner Interbanken-Geldkurs

London Interbank Currency Option Market Settlement Prices
Devisensätze für die Abrechnung von bankmäßig gehandelten Devisenoptionen (→ currency option, OTC option). Es handelt sich bei diesen Sätzen um Durchschnittssätze, die der britische Bankenverband (British Bankers' Association) auf der Basis der Spot-Kurse am Interbankenmarkt errechnen läßt. Die Sätze werden für DM, Sfr., Pfund Sterling und Yen gegenüber dem Dollar quotiert.

London Interbank Mean Rate   Mittelkurs zwischen Libor und Libid

London Interbank Offered Rate Londoner Interbanken-Angebotssatz (Satz, zu dem am Londoner Bankenplatz international operierende Banken Sechsmonats-Einlagen tätigen)

London International Financial Futures Exchange Londoner Terminbörse für Finanztitel (offeriert auch Devisen-Optionskontrakte)

long (a) Käufer; (b) Kaufposition

long call issue Emission, die erst nach Ablauf einiger Jahre vorzeitig gekündigt werden kann

long calls erworbene Kaufoptionen

long futures contract Kaufposition am Terminkontraktmarkt, erworbener Terminkontrakt

long gilt futures / long gilt contract erworbener Terminkontrakt auf Gilts-Langläufer (Gilts - britische Staatspapiere)

long hedge Eröffnung einer Kaufposition am Termin-oder Optionsmarkt, Erwerb eines Termin- oder Optionskontraktes

long hedging Absicherung von Zins-, Kurs- oder Währungsrisiken durch den Erwerb eines Options- oder Terminkontraktes

Beispiel in Verbindung mit Terminkontrakten: Der Finanzchef eines Unternehmens in der Bundesrepublik erwartet in einigen Monaten einen Eingang in Höhe von US $ 5 Mio. Um sich gegen einen zwischenzeitlichen Zinsrückgang abzusichern, erwirbt er 5 Kontrakte auf Eurodollar-Einlagen zu je US $ 1 Mio. Bildet sich das Zinsniveau wie erwartet zurück, wird es zu einer Wertsteigerung der Terminkontrakte kommen. Mit dem bei einem Verkauf der Kontrakte erzielten Gewinn kann er den geringeren Zinsertrag ausgleichen (→ interest rate futures contract)

In Verbindung mit Optionskontrakten: Ein Anleger in der Bundesrepublik erwartet für März 86 US $ 1 Mio aus der Rückzahlung einer US-Anleihe. Um sich gegen eine Wertminderung der US-Valuta und einer damit verbundenen Schmälerung des DM-Rückzahlungserlöses abzusichern, erwirbt er bereits Ende August 85 eine Option zum Verkauf von US Dollar zu einem Basispreis von DM 2.80. Hat sich der Dollar bis zum Frühjahr zurückgebildet, wird der Anleger die Option ausüben, d.h. der Stillhalter muß die Dollar zum vereinbarten Basispreis übernehmen (→ currency option).

long position holder Inhaber einer Kaufposition am Termin- oder
    Optionsmarkt

long puts erworbene Verkaufsoptionen

long straddle gleichzeitiger Erwerb einer Kauf- und Verkaufsoption

    Eine solche Transaktion bietet sich in Verbindung mit Devisen-
    optionen bei einer hohen Volatilität der Wechselkurse bzw. bei
    widersprüchlichen Aussagen über die weitere Kursentwicklung an.
    Kommt es zu starken Kursausschlägen nach oben oder unten, wird
    ein Marktteilnehmer von dieser Position profitieren. Treten
    keine nennenswerten Veränderungen ein, beschränkt sich sein
    Verlust auf die gezahlten Prämien.

long-term debt futures Terminkontrakte, die auf langfristigen
    Zinstiteln basieren (z.B. auf Treasury Bonds, Long Gilts)

loss on a call (put) Verlust aus einer Kauf- (Verkaufs-) Option

lower backend → two-tier offer with a lower backend

Luxibor (Luxemburg Interbank Offered Rate) Interbanken-Angebots-
    satz am Platz Luxemburg

M

macro hedge   Absicherung genereller Risiken

Madrid Interbank Offered Rate (MIBOR)   Interbanken-Angebotssatz am Platz Madrid

maintenance margin   in Verbindung mit Terminkontrakten: Mindesteinschuß, den ein Kunde im Hinblick auf eine offene Terminkontraktposition unterhalten muß (kann identisch mit dem → initial margin sein; kann auch niedriger angesetzt werden)

Major Market Index   US-Industrieaktien-Index (umfaßt zwanzig ausgewählte Aktienwerte und orientiert sich in seiner Zusammensetzung am Dow Jones)

Major Market Index futures contract   Terminkontrakt auf den Major Market Index (→ stock index futures contract)

majors / major underwriting bracket → underwriting brackets

management buyout   Übernahme einer Kapitalgesellschaft durch das eigene Firmenmanagement (impliziert in der Regel die Abfindung der Aktionäre und Umwandlung des Unternehmens in eine Personengesellschaft)

management fee → front-end fee

margin   Einschuß, Einschußzahlung

(a) auf Optionskontrakte:

In der Regel sind Einschußzahlungen nur durch die Verkäufer von ungedeckten Optionskontrakten zu entrichten. Für den DM-Devisen-Optionskontrakt des Philadelphia Stock Exchange gelten z.B. die folgenden Mindest-Einschüsse: → at oder in-the-money options - 130 % der jeweiligen Optionsprämie plus $ 750; out-of-the money options - 130 % der jeweiligen Optionsprämie abzüglich der Summe, um die die Option out-of-the money ist.

(b) auf Terminkontrakte:

Die Höhe der Einschußzahlungen, die Käufer und Verkäufer von Terminkontrakten bei Abschluß einer Transaktion leisten müssen,

margin

ergibt sich aus den jeweiligen Börsenbestimmungen. So sehen der Chicago Mercantile Exchange und der London International Financial Futures Exchange für ihre Eurodollar-Zinskontrakte Anfangseinschüsse (initial margins) in Höhe von jeweils US $ 1000 vor.

Beim DM-Devisen-Terminkontrakt des CME liegt der initial margin bei US $ 1500, während er für den Ende Jan. 86 eingeführten $/DM-Kontrakt des LIFFE DM 2500 beträgt. Bei den Kontrakten auf Aktienindizes schwankt er zwischen US $ 2500 und US $ 6000.

An einigen US-Börsen wird bei der Festlegung der initial margins ferner zwischen spekulativen Geschäften und reinen Hedging-Transaktionen unterschieden, d.h. Käufe bzw. Verkäufe, die ausschließlich der Sicherung von Grundpositionen dienen, unterliegen geringeren Einschußforderungen. In diesem Zusammenhang ist ferner zwischen → gross und net margining zu differenzieren. Erfolgen Käufe und Verkäufe über einen Broker, erhöhen sich die Börsen-Margins um das Zwei- bis Dreifache.

Terminkontraktpositionen werden börsentäglich neu bewertet, d.h. je nach Marktentwicklung wird ein Kontraktinhaber von seinem margin account einen Gewinn (margin surplus) abdisponieren können oder Nachschußzahlungen (margin calls)leisten müssen. Beispiele: interest rate futures contract, S. 79; stock index futures contract, S. 136.

margin account Konto, auf dem Einschußzahlungen verbucht werden (dem margin account wird ferner der aus der täglichen Neubewertung resultierende Betrag belastet bzw. gutgeschrieben)

margin call Einschußforderung, zu leistende Nachschußzahlung

margin requirements Deckungserfordernisse (Bestimmungen der Börsen und/oder Broker-Häuser hinsichtlich der auf Kontrakte zu leistenden Einschußzahlungen)

margin surplus Gewinn aus einer Terminkontraktposition (Überschuß, der einem Kunden auf seinem margin account zur Verfügung steht; → margin)

market flotation   Börseneinführung

Marketing of Investments Board   eine der beiden neuen Aufsichtsbehörden für den britischen Finanzsektor (Aufgabe des MIB ist in erster Linie die Überwachung des Verkaufs von Investmentzertifikaten und Versicherungspolicen; → Securities and Investments Board)

market makers   Marktmacher (Banken oder Wertpapier-Häuser, die einen Markt in einem bestimmten Wertpapier oder Finanzierungsinstrument unterhalten und entsprechende An- und Verkaufskurse publizieren)

marking to the market   Neubewertung einer Terminkontraktposition (→ margin)

maturity mismatch   Fristeninkongruenz

Maxi-FRN   zinsvariabler Schuldtitel mit Zinsbegrenzung nach oben

Maxi-MMI index futures contract   Index-Terminkontrakt auf den Major Market Index (verfügt jedoch im Vergleich zu dem bisher bekannten MMI contract über das 2,5 fache Kontraktvolumen und ist in erster Linie für institutionelle Anleger gedacht)

maximum spread   in Verbindung mit Euronotes-Emissionen: Höchstmarge, zu der die Underwriting Banks die Titel bei Nichtplazierbarkeit übernehmen müssen (→ Note issuance facility)

maxi-rate notes   Schuldtitel mit einem Höchstzinssatz

megagoth   weltweit operierendes Finanzinstitut mit einer breitgefächerten Produktpalette

merger facilities   Kreditfazilitäten und Finanzierungsgarantien in Verbindung mit Unternehmensfusionen

MIB → Marketing of Investments Board

MIBOR → Madrid Interbank Offered Rate

micro hedge → Absicherung spezifischer Risiken

MIGA → Multilateral Investment Guarantee Agency

minimax floater / minimax FRN zinsvariabler Schuldtitel, dessen Zinssatz nach oben und unten begrenzt ist

minimum price fluctuation Mindestwertschwankung des Terminkontraktpreises

Die Mindestwertschwankungen werden auf der Basis der Ausstattungsmerkmale des jeweiligen Kontraktes errechnet. Bei den Kontrakten auf kurzfristige Dollar-Zinstitel (Eurodollar-Kontrakte, Kontrakte auf Treasury Bills oder Certificates of Deposit) beträgt die Mindestschwankung 1/100 Prozentpunkte oder US $ 25.

Dieser Dollarbetrag errechnet sich aus 0,01 % von $ 1 Mio (Wert der vorgenannten Kontrakte) für drei Monate (Laufzeit der zugrunde liegenden Titel).

Beispiel: $ 1 Mio x 0,0001 x $\frac{90 \text{ Tage}}{360 \text{ Tage}}$ = US $ 25

Hat ein Marktteilnehmer am IMM des Chicago Mercantile Exchange 10 Eurodollar-Kontrakte zu 90.85 gekauft und später zu 91.75 verkauft, ergibt sich für ihn ein Gewinn in Höhe von

90 Basispunkte (9175-9085) x $ 25 x 10 = US $ 22.500

minor underwriting bracket → underwriting brackets

mirror contract Gegengeschäft, Gegenkontrakt

mirror swap written into the market Gegen-Swap, der nicht mit dem ursprünglichen Partner, sondern mit einem anderen Marktteilnehmer erfolgt

mismatch benefit Unterschied zwischen den Sätzen für Sechsmonatsgelder und den niedrigeren Sätzen für Einmonatsgelder (→ mismatch floater)

mismatched bond / mismatch deal / mismatch coupon FRN → mismatch floater

mismatched maturities Fristeninkongruenz, Fristenasymmetrie

mismatch floater zinsvariabler Schuldtitel mit halbjährlicher Zinszahlung, aber monatlicher Neufestsetzung des Zinssatzes

mismatch risk (a) Risiko aus einer offenen Swap-Position, die nicht durch eine korrespondierende Transaktion geschlossen werden kann; (b) Risiken aus Inkongruenzen im Hinblick auf Laufzeit, Währung oder Betrag

mispriced bond Anleihe mit marktunüblichen Konditionen

MMI → Major Market Index

MOF → multiple option facility

MOFF → multiple option financing facility

monetisation of assets → securitisation

money brokers Finanzinstitute, die den neugestalteten Markt für britische Staatspapiere (Gilts) durch die Beleihung von Titeln mit Liquidität versorgen

money centre banks US-Geschäftsbanken

money market basis Euromarktusance (365/360)

mortgage pass-throughs am Euromarkt aufgelegte Hypotheken-Schuldtitel

MPA → multiple placing agency

multicurrency facility Fazilität, die in unterschiedlichen Währungen in Anspruch genommen werden kann

multifunding facility → multiple option facility

Multilateral Investment Guarantee Agency Agentur der Weltbank (fördert Investitionsprojekte in Entwicklungsländern; stellt entsprechende Kredite zur Verfügung)

multioption facility → multiple option facility

multiple component facility → multiple option facility

multiple option facility / multiple option financing facility
Rahmenkreditlinie, die eine Inanspruchnahme unterschiedlicher Finanzierungsinstrumente ermöglicht, z.B. Euronotes und/oder US-Commercial Paper, kurzfristige Bankkredite, Bankers' Acceptances, etc.

Bei diesen Paketfinanzierungen, die oft bis zu sechs Optionen vorsehen, wird dem Kreditnehmer ein Maximum an Flexibilität gewährt. In der Regel wird auch die Inanspruchnahme der Fazilitäten in unterschiedlichen Währungen vereinbart.

multiple placing agency   Verfahren für die Plazierung von → Euronotes, bei dem jede Bank, die an der Fazilität als Underwriter mitwirkt, einen ihrer Konsortialquote entsprechenden Anteil an den zu plazierenden Titeln erhält   (→ sole placing agent, tender panel)

multiplier bond   Anleihe, bei der nach Wahl des Anleiheinhabers Ausschüttungen bzw. Zinszahlungen in bar erfolgen oder für den Kauf zusätzlicher Anleihestücke verwendet werden.

multi-year rescheduling agreement   sich über mehrere Jahre erstreckende Umschuldungsvereinbarung

munibond contract / municipal bond index futures contract   Terminkontrakt auf den Index für Kommunalanleihen (der Index umfaßt 50 Titel erstklassiger Adressen; die Laufzeiten dieser Papiere betragen mindestens zwanzig Jahre)

MYRA → multi-year rescheduling agreement

N

name risk   Adressenausfallrisiko

NASD → National Association of Securities Dealers

NASDAQ → National Association of Securities Dealers Automated Quotation System

NASDIM → National Association of Security Dealers and Investment Managers

National Association of Securities Dealers (NASD)   Vereinigung der US-Wertpapier-Händlerfirmen (bestreitet den Kassahandel in Freiverkehrswerten)

National Association of Securities Dealers Automated Quotation System Börsenhandelssystem, das die Vereinigung der US-Wertpapier-Händler für den Freiverkehr entwickelte (es ermöglicht elektronische Verbindungen zwischen den beteiligten Broker-Häusern; mit 4000 erfaßten Freiverkehrswerten ist NASDAQ nach der New Yorker und Tokioter Börse der drittgrößte Wertpapiermarkt)

National Association of Security Dealers and Investment Managers Vereinigung der britischen Wertpapier-Händlerfirmen und Investment Manager

National Futures Association   Vereinigung der am Terminkontraktmarkt tätigen US-Broker-Häuser

National Over-the-counter Index   US-Freiverkehrsindex (basiert auf den Kursen der hundert größten Unternehmen, deren Aktien im Freiverkehr gehandelt werden)

near-the-market option   Option, deren Basispreis in etwa dem Marktpreis entspricht

negative variation margin   Verlust, der sich aus der täglichen Neubewertung einer Terminkontraktposition ergibt (→ margin)

net margining in Verbindung mit Terminkontrakten: Entrichtung von Einschußzahlungen auf eine Netto-Terminkontraktposition (Beispiel: → gross margining)

net short position in Verbindung mit Termin- bzw. Optionskontrakten: Nettoverkaufsposition (Überschuß an Verkaufspositionen, der sich nach Aufrechnung der Kaufpositionen gegen die Verkaufspositionen ergeben hat)

netting system Aufrechnungssystem (z.B. von FW-Forderungen und FW-Verbindlichkeiten zur Reduzierung des Währungsrisikos)

New York Futures Exchange Finanz-Terminbörse New York (Tochter des New York Stock Exchange)

New York Interbank Offered Rate Interbanken-Angebotssatz am Platz New York

NFA → National Futures Association

NIBOR → New York Interbank Offered Rate

NIF → note issuance facility

Nikkei stock index contract Terminkontrakt auf den Aktienindex der Tokioter Börse

NOB → Notes over Bonds

non-call bullet Anleihe, die bei Endfälligkeit in einer Summe zurückgezahlt wird (eine vorzeitige Tilgung bzw. Kündigung ist nicht möglich)

noncommitted dealer-managed commercial paper programme Emission von → Commercial Paper, dessen Abgabe an den Markt über eine bzw. mehrere Händlerfirmen erfolgt, die keine Übernahmeverpflichtung im Falle der Nichtplazierbarkeit der Titel übernommen haben.

non-rated name Emissionsadresse, für die keine bonitätsmäßige Einstufung vorliegt

non-traded option Option, die nicht börsenmäßig gehandelt wird
(→ option, OTC option)

non-underwritten facilities Fazilitäten, die ohne die Übernahmeverpflichtung bzw. Deckungslinie einer Bank eingerichtet wurden

non-underwritten notes Notes, die ohne die Übernahmeverpflichtung eines Bankenkonsortiums begeben werden (→ Eurocommercial Paper)

NOTC → National Over-the-counter Index

note Schuldtitel (→ Euronotes)

Note calls(puts) Kauf-(Verkaufs-) Optionen auf Treasury Note Kontrakte

note denomination Stückelung der Schuldtitel

note distribution Distribution (Verkauf, Plazierung) der Schuldtitel im Markt

note issuance facility Fazilität, die eine Liquiditätsbeschaffung über die revolvierende Plazierung von Schuldtiteln ermöglicht

Entwicklung

Dieses innovative Finanzierungsinstrument wurde zuerst von US-Banken unter dem Druck verschärfter Eigenkapitalrichtlinien für den Euromarkt mit dem Ziel entwickelt, sich im internationalen Kreditgeschäft auch ohne den Einsatz von Eigenkapital zu engagieren.

Wurde den neuen Fazilitäten, die zwischen Kredit-, Geld- und Kapitalmarkt angesiedelt sind, zuerst mit großer Zurückhaltung begegnet, so entdecken jetzt immer mehr Unternehmen diesen Markt, der ihnen günstige Konditionen und ein Optimum an Flexibilität verspricht.

Grundform aller Notes-Fazilitäten sind die Revolving Underwriting und Note Issuance Facilities. Eine Fülle von Varianten mit den unterschiedlichsten Bezeichnungen wurde inzwischen entwickelt,z.B. SNIFs (short-term note issuance facilities), GUNs (grantor underwritten notes), BONUS (borrower option for

note issuance facility

notes and underwritten standby), REIF (revolving Euronote issuance facilities), TRUFs (transferable revolving underwriting facilities), etc. Im Grunde unterscheiden sich diese Fazilitäten nur geringfügig voneinander. Ihre Bezeichnungen wurden in der Regel durch die jeweilige Führungsbank (Arranger) geprägt, um konzeptionelle Besonderheiten auszudrücken.

Ausstattungsmerkmale der Fazilitäten

Im Rahmen einer mittel- bis langfristigen Fazilität begibt ein Kreditnehmer auf revolvierender Basis kurzfristige Schuldtitel (Laufzeiten 1, 3, 6 oder 12 Monate) in Stückelungen ab US $ 500.000. Die Papiere werden von einer Bankengruppe (→Tender Panel) in einem Bietungsverfahren erworben, wobei die Institute, die die günstigsten Zinsgebote abgeben, den Zuschlag erhalten. Anschließend werden die Notes im Markt plaziert.

Gleichzeitig verpflichten sich die Underwriting Banks, die mehrheitlich immer im Tender Panel vertreten sind, die Papiere bei Nichtplazierbarkeit zu einem vereinbarten Höchstsatz zu übernehmen bzw. die benötigten Mittel selbst zur Verfügung zu stellen. Diese Übernahmeverpflichtung bzw. Kreditgarantie wird als Back-up line/Backstop bzw. Standby facility bezeichnet.

Alternative Distributionssysteme

Neben dem bereits erwähnten Tender-Panel-Verfahren steht Emittenten eine breite Palette alternativer Distributionssysteme zur Verfügung. Diese reicht vom Sole, Dual, Multiple Placing System (Distribution bzw. Plazierung über ein, zwei oder mehrere Institute) über den Issuer Set Margin (die Banken übernehmen Titel in Höhe ihrer Konsortialquoten zu einem vorher vereinbarten Preis) bis hin zu den Unsolicited Tenders (Angebote zur Übernahme von Titeln, die die an der Plazierung mitwirkenden Banken direkt dem Emittenten bei einem konkreten Anlegerinteresse unterbreiten).

Vorteile für Emittenten

Für Emittenten bzw. Kreditnehmer sind mit einer solchen Fazilität eine Reihe von Vorteilen verbunden: Im Gegensatz zu zinsvariablen Schuldtiteln (Floatern) oder syndizierten Krediten

note issuance facility

können unterschiedliche Beträge kurzfristig in Anspruch genommen und gegebenenfalls kurzfristig zurückgezahlt werden, d.h. der Kreditnehmer kann die Emission seinen Finanzierungsbedürfnissen und Zinserwartungen anpassen.

Ferner erhält er durch die Emission der Notes Mittel zu Geldmarktsätzen und Margen, die durch den Wettbewerb der Banken untereinander sehr niedrig gehalten werden. Je nach Adresse, Laufzeit und Marktlage schwanken die Margen zwischen 10 Basispunkten unter Libid und 20 - 30 Basispunkten über Libor.

Hinzukommen die front-end bzw. management fees (Provisionen für den Arranger und den Tender Panel Agent) sowie die facility bzw. underwriting fees (Provisionen für die Einrichtung der Fazilität bzw. Bereitstellung der Übernahmeverpflichtung). Weiterhin wird gegebenenfalls eine utilisation fee vereinbart, die als zusätzliche Provision bei Inanspruchnahme einer Bank aus einer Übernahmeverpflichtung zu entrichten ist.

Die sich ergebenden Gesamtkosten liegen unter den Kosten der traditionellen Fazilitäten. So wird in einer Studie des Federal Reserve Board davon ausgegangen, daß die Kosten einer NIF-Fazilität in der Regel 55 Basispunkte (0,55 %) unter den Kosten eines syndizierten Krediltes liegen.

Vorteile für Anleger

Euronotes werden in erster Linie bei Finanzinstituten bzw. institutionellen Anlegern plaziert. In letzter Zeit treten auch international operierende Unternehmen als Käufer auf. Euronotes sind in der Tat eine attraktive Anlagealternative zu Termingeldern oder Certificates of deposit, d.h. sie bieten sich für Anleger an, die ihre kurzfristigen Liquiditätsüberschüsse in Papiere allererster Adressen mit entsprechenden Fristigkeiten anlegen möchten.

Vorteile und Risiken der Underwriting Banks

Für die Underwriting Banks liegen die Vorteile darin, daß sie durch die neuen Fazilitäten zum einen ihre Bilanzen entlasten und Raum für Neugeschäfte schaffen können. Zum anderen fließen ihnen Konsortialprovisionen aus der Zurverfügungstellung der Fazilitäten und Erträge aus dem Plazierungsgeschäft zu.

notes issuance facility

Andererseits sind mit den Notes nicht unerhebliche Bonitäts- bzw. Liquiditätsrisiken verbunden. Verschlechtert sich das Emissionsstanding eines Schuldners während der teilweise relativ langen Laufzeit einer Fazilität, werden die Banken möglicherweise keine Titel mehr plazieren können und umfangreiche Mittel bereitstellen müssen. Werden dann die Banken aus verschiedenen Standby-Verpflichtungen gleichzeitig in Anspruch genommen,kann es zu erheblichen Liquiditätsengpässen kommen. Diese Risiken erklären auch die Zurückhaltung, mit der viele Notenbanken und Bankenaufsichtsbehörden den neuen Fazilitäten begegnen.

Zum Zeitpunkt der Drucklegung werden Euronotes nur in US-Dollar und ECU begeben. Emittenten können jedoch den Erlös aus diesen Emissionen jederzeit in die gewünschte Valuta konvertieren.

In der Bundesrepublik werden die Verpflichtungen aus Note Issuance Facilities nur teilweise erfaßt. Zum einen werden Standby-Verpflichtungen als nicht in Anspruch genommene Kreditzusagen angesehen und schlagen somit nicht auf das haftende Eigenkapital durch. Zum anderen werden die von einer Bank übernommenen Notes den Forderungen an Kunden hinzugerechnet. Gegenwärtig suchen die Aufsichtsbehörden nach Wegen, die Standby-Verpflichtungen stärker in die Kreditüberwachung bzw. Eigenkapitalvorschriften einzubinden.

note issuance option   Option auf die Begebung von Euronotes

Notes over Bonds (unter Notes und Bonds sind in dem folgenden Kontext vom US-Schatzamt emittierte Treasury Bonds bzw. Notes zu verstehen)

Notes over Bonds steht für eine Spreading-Strategie, bei der ein Marktteilnehmer zu erwartende Veränderungen im Renditeverhältnis zwischen mittel- und langfristigen Papieren des US-Schatzamtes durch den gleichzeitigen Kauf und Verkauf korrespondierender Terminkontrakte zu nutzen versucht.

Ist eine Renditesteigerung zu erwarten, wird der Spreader den Kontrakt auf die mittelfristigen Treasury Notes erwerben und den Kontrakt auf die langfristigen Treasury Bonds verkaufen. Umgekehrt wird er bei einem von ihm erwarteten Renditerückgang den T-Notes-Kontrakt verkaufen und den T-Bond-Kontrakt erwerben.

NYSE Composite Index contract   Terminkontrakt auf den Aktienindex des New York Stock Exchange

O

OCC → Options Clearing Corporation

OEX   Terminkontrakt auf den Standard & Poor's 100 Aktienindex

off-balance sheet financing   bilanzunwirksame Finanzierung

offsetting swap contract   gegengerichteter Swap-Kontrakt

off-shore financial markets   exterritoriale Geld- und Kapitalmärkte (Märkte außerhalb des Geltungsbereiches der nationalen
Geld- und Währungspolitik)

OID → original issue discount securities

onshore bank   unter den Geltungsbereich der nationalen Banken-
und Währungsgesetzgebung fallende Bank

open futures position   offene Terminkontrakt-Position

open interest   offene Kontrakt-Positionen (diese Zahl der noch
nicht glattgestellten Kontrakte gilt als Maßstab für die Liquidität und Tiefe eines Marktes)

open outcry   Ermittlung von Kontraktpreisen durch 'offenen Zuruf'
(Handzeichen und Zurufe) auf dem Börsenparkett

open position trading Übernahme offener Risikopositionen; spekulativer Handel in Termin- oder Optionskontrakten

option Option

Definition

Mit Optionen ist das Recht, aber nicht die Verpflichtung verbunden, ein Basisobjekt zu einem vereinbarten Kurs oder Preis (Basispreis, strike price) innerhalb eines festgelegten Zeitraumes oder zu einem vereinbarten Fälligkeitstermin zu kaufen (call option) oder zu verkaufen (put option). Für dieses Recht zahlt der Erwerber der Option dem Verkäufer einen Preis, die sogenannte Optionsprämie.

Alternative zu herkömmlichen Sicherungs-Instrumenten

Der wichtigste Vorteil der Optionen ist darin zu sehen, daß diese Instrumente im Gegensatz zu den herkömmlichen Termingeschäften oder Terminkontrakten keine Erfüllungsverpflichtung begründen.

Der Optionsinhaber kann sich somit gegen Zins- oder Währungsrisiken absichern, ohne daß er auf den Gewinn aus einer für ihn günstig verlaufenden Marktentwicklung verzichten muß. Sollte der Kassamarkt zum Zeitpunkt der Optionsausübung günstigere Konditionen bieten, wird er die Option verfallen lassen und die gezahlte Prämie als Verlust in Kauf nehmen.

Ausstattungsmerkmale

Optionsgeschäfte basieren entweder auf börsennotierten Kontrakten (exchange-traded bzw. listed options) oder auf börsenfreien Instrumenten (OTC options).

Exchange-traded options werden in Form standardisierter Kontrakte an Optionsbörsen gehandelt. Die Laufzeit beträgt in der Regel maximal 12 Monate; Verfallmonate sind März, Juni, September, Dezember. An den Optionsbörsen werden für die Kontrakte täglich Prämien auf der Grundlage unterschiedlicher Basispreise und Verfallmonate ermittelt (→ currency option, S.33, → interest rate option, S.83)

option

Kauf- und Verkaufsoptionen können somit jederzeit während ihrer Laufzeit zu den geltenden Marktpreisen und Optionsprämien wieder verkauft oder zurückgekauft werden, d.h. der Optionsinhaber muß nicht bis zum Fälligkeitstermin warten, um die Option ausüben zu können. Da die Optionen von der Clearing-Stelle der Börse gegeneinander aufgerechnet werden, ist eine physische Erfüllung der Kontrakte nicht erforderlich.

Die Höhe der Optionsprämie richtet sich nach einer Reihe unterschiedlicher Faktoren: Volatilität des zugrunde liegenden Marktes, Restlaufzeit des Kontraktes und Nähe des gewählten Basispreises zum Marktpreis.

Abgesehen von diesen technischen Komponenten wird die Höhe der Optionsprämie auch durch Angebot und Nachfrage sowie durch die allgemeinen Erwartungen hinsichtlich der weiteren Marktentwicklung bestimmt, d.h. die Prämien für Kaufoptionen werden nach oben tendieren, wenn ein Preisanstieg des zugrunde liegenden Basisobjektes eintritt bzw. erwartet wird. Umgekehrt werden die Prämien für Verkaufsoptionen steigen, wenn man mit einem Preisrückgang des Basisobjektes rechnet.

Bei Exchange-traded options ist zwischen den auf Kassainstrumenten basierenden Options on cash und den auf Terminkontrakten basierenden Options on futures zu unterscheiden.

Bei den letztgenannten wird im Falle der Optionsausübung für den Inhaber einer Kauf- bzw. Verkaufsoption eine Kauf- bzw. Verkaufsposition in dem jeweiligen Terminkontrakt zum vereinbarten Basispreis eröffnet. Diese Terminkontraktposition wird entweder sofort oder später durch ein Gegengeschäft geschlossen.

Im Hinblick auf die Optionsfrist ist schließlich zwischen den sogenannten American options und den European options zu differenzieren. Während American options jederzeit während der vereinbarten Frist ausgeübt werden können, ist die Ausübung der European options nur zu dem festgelegten Endfälligkeitstermin möglich.

F i n a n z o p t i o n e n

Der Markt für Finanz-Optionen (Devisen-, Zins- und Aktienindexoptionen) verzeichnete in den letzten beiden Jahren spektakuläre Wachstumsraten. Ausgelöst wurde diese Entwick-

option

lung zum einen durch die hohe Volatilität der Wechselkurse, Zinssätze und Rohstoffpreise und zum anderen durch die attraktiven Ausstattungsmerkmale der neuen Instrumente, die eine Vielzahl neuer Möglichkeiten zur Absicherung von Zins- und Währungsrisiken bieten.

Vor dem Hintergrund der heftigen Kursausschläge der letzten beiden Jahre (allein zwischen September 85 und Februar 86 stieg der Wert des Yen gegenüber dem Dollar um 35 %, der der Mark um 25 %) kommt den Devisenoptionen (→ currency option) besondere Bedeutung zu.

Unternehmen und Anleger können über diese Instrumente Währungsrisiken in Verbindung mit ihren Fremdwährungsforderungen bzw. -verbindlichkeiten ausschalten, ohne daß sie auf die Vorteile aus einer für sie günstig verlaufenden Kursentwicklung verzichten müssen.

Beim Kauf bzw. Verkauf von Devisenoptionen haben sie die Wahl zwischen den bereits erwähnten Exchange-traded options und den börsenfreien OTC options. Bei den OTC (over-the-counter) options handelt es sich um Optionen auf Kassadevisen, d.h. der Stillhalter (Optionsverkäufer) verpflichtet sich, im Falle einer Optionsausübung den Währungsbetrag zum vereinbarten Basispreis bereitzustellen bzw. zu übernehmen.

Abgesehen von einigen multinationalen Unternehmen, treten in erster Linie Banken als Verkäufer dieser Optionen auf, die im Gegensatz zu den börsennotierten Kontrakten auf den individuellen Kurssicherungsbedarf des Kunden zugeschnitten werden können. In Westeuropa konzentriert sich das OTC-Geschäft auf Institute am Finanzplatz London, die auch als Market Makers für die wichtigsten Währungen gegenüber dem Dollar auftreten.

Börsennotierte Devisen-Optionskontrakte werden in den Vereinigten Staaten vor allem an den Börsen von Chicago und Philadelphia sowie in Europa an den Börsen von London und Amsterdam gehandelt.

Bei der weitaus überwiegenden Zahl der Kontrakte werden die Basispreise und Prämien in Dollar je Fremdwährungseinheit quotiert (→ currency option, S. 33). Für deutsche Marktteilnehmer bietet sich auch der Ende Januar 86 an der LIFFE eingeführte Dollar/DM Kontrakt an, bei dem die Quotierungen in DM je Dollar erfolgen.

Einen besonders kräftigen Umsatzzuwachs verzeichneten die US-Börsen 1985 bei Aktienindex-Optionen, durch die Anleger an einer von ihnen erwarteten Marktentwicklung partizipieren können, ohne einzelne Positionen kaufen oder verkaufen zu müssen. Ferner können sie über Indizes ihre Aktiendepots gegen befürchtete Kursrückgänge absichern (→ stock index option).

Zur Gruppe der Finanz-Optionen zählen ferner Zinsoptionen (→ interest rate options), die die Absicherung von Zinserträgen, die Festschreibung eines Zinsaufwandes oder eine Zinsbegrenzung nach oben oder unten ermöglichen.

Optionshandel

Optionen werden, wie alle Hedging-Instrumente, auch von spekulativ eingestellten Marktteilnehmern erworben, die mit einer bestimmten Entwicklung am Geld-, Devisen- oder Aktienmarkt rechnen und sich aus der Übernahme offener Risikopositionen Gewinne erhoffen.

Das spekulative Risiko bei Optionskontrakten ist jedoch begrenzt. Verläuft die Marktentwicklung konträr zu den Erwartungen des Optionsinhabers, wird er die Option verfallen lassen. Sein Verlust beschränkt sich auf die gezahlte Prämie.

Optionen können auch Gegenstand sogenannter Spreads sein, denen der gleichzeitige Kauf und Verkauf einer Option zugrunde liegt (→ currency option, S.36; interest rate option, S.84).

Die stark wachsende Nachfrage nach den neuen Instrumenten veranlaßt immer mehr Börsen, ihre Palette um innovative Optionskontrakte zu erweitern und eine Internationalisierung des Optionshandels anzustreben. Die verschiedenen Kooperationsabkommen zwischen führenden Optionsbörsen (z.B. zwischen dem Philadelphia und dem London Stock Exchange, sowie zwischen dem European Options Exchange in Amsterdam und den Börsen von Montreal, Vancouver und Sydney) werden in naher Zukunft einen Handel rund um die Uhr ermöglichen und die Fungibilität der Kontrakte gewährleisten. Optionsinhaber können dann Kontrakte, die sie an der Börse A erworben haben, an der Börse B verkaufen.

option abandonment   Aufgabe (Nichtausübung) einer Option

option close-out   Glattstellung eines Optionskontraktes (börsennotierte Optionskontrakte können während ihrer Laufzeit jederzeit zu den geltenden Marktpreisen bzw. Optionsprämien wieder verkauft bzw. zurückgekauft werden)

option contract   Optionskontrakt

option cost → option premium

option currency   Optionsdevise

option exercise price → option strike price

option expiration date   Endfälligkeitstermin einer Option

option exposure   Engagement am Optionsmarkt, Verlustrisiko in Verbindung mit Optionsgeschäften

option grantor   Optionsverkäufer

option hedging   Absicherung von Zins- und Währungsrisiken durch Optionen (→ long hedging, → short hedging)

option margin requirements   Einschußzahlungen, die auf Optionskontrakte zu leisten sind (→ margin)

option money → option premium

option period   Optionsfrist

option pit   das Börsenparkett ist in zahlreiche Pits unterteilt, in denen die verschiedenen Kontrakte gehandelt werden

option premium   Optionsprämie (Prämie, die der Erwerber der Option für die Gewährung des Optionsrechtes an den Optionsverkäufer zahlt; → currency option, S. 33; → interest rate option, S. 83)

option price → option premium

option pricing   Ermittlung (Festlegung) der Optionsprämie

Options Clearing Corporation   US-Clearingstelle für börsengehandelte Optionskontrakte (befindet sich im Besitz der fünf größten US-Börsen, die im Optionshandel tätig sind)

options on cash currency   Devisenoptionen, denen eine physische Devisenmenge zugrunde liegt (bei Optionsausübung wird der Stillhalter den Währungsbetrag zum vereinbarten Basispreis per Kasse bereitstellen bzw. übernehmen; → currency option)

options on currency futures (e.g. options on DM-futures)   Optionen auf Devisen-Terminkontrakte (z.B. Optionen auf den DM-Devisen-Terminkontrakt); → options on futures, → currency option

options on futures   Optionen auf Terminkontrakte

Options on futures unterscheiden sich von den Options on cash vor allem in einem Punkt. Während die letztgenannten Optionen auf Instrumenten des Kassamarktes basieren (z.B. auf einem effektiven Währungsbetrag), liegen den Options on futures Terminkontrakte zugrunde. Mit anderen Worten: Eine Kaufoption (call option) gibt ihrem Inhaber das Recht, einen Terminkontrakt innerhalb eines bestimmten Zeitraumes oder zu einem vereinbarten Endfälligkeitstermin zu einem vereinbarten Preis (Basispreis) gegen Zahlung einer Prämie zu erwerben. Umgekehrt ist mit einer Verkaufsoption für den Erwerber das Recht verbunden, einen Terminkontrakt vor oder zu einem bestimmten Termin zu einem vereinbarten Preis zu verkaufen.

Nach dem Erwerb einer Option auf einen Terminkontrakt kann der Käufer (a) die Option verfallen lassen, wenn sich der Markt konträr zu seinen Erwartungen entwickelt hat; (b) die Optionsposition vor ihrem Auslauftermin durch ein korrespondierendes Gegengeschäft schließen, wobei der Prämienwert der Option gegenüber dem Zeitpunkt des Erwerbs je nach Entwicklung des zugrunde liegenden Terminkontraktpreises gestiegen oder gefallen sein wird; oder (c) die Option ausüben.

Im letztgenannten Fall wird für den Inhaber einer Kauf- bzw. Verkaufoption eine Kauf- bzw. Verkaufsposition in dem jeweiligen Terminkontrakt eröffnet. Diese Terminkontraktposition wird in der Regel entweder sofort oder später durch ein Gegengeschäft geschlossen. Erfolgt keine vorzeitige Schließung der Position muß zum Fälligkeitstermin des Kontraktes die zugrunde liegende Basisgröße bereitgestellt oder übernommen werden. Nach erfolgter Optionsausübung wird die neu eröffnete Position wie jede Terminkontraktposition täglich neu bewertet, d.h. je nach Marktentwicklung wird der Kontraktinhaber von seinem → margin account einen Gewinn abdisponieren können oder Nachschußzahlungen leisten müssen. Wie bei den Optionen auf Kassainstrumente wird auch bei den Optionen auf Terminkontrakte zwischen → in the-money, at-the-money und out-of-the money options unterschieden.

options on Treasury Bond futures   Optionen auf den Treasury Bond Zins-Terminkontrakt; → options on futures, → interest rate option

option spread   gleichzeitiger Kauf und Verkauf einer Kaufoption oder einer Verkaufsoption;   spreads and straddles, → currency option S. 36, → interest rate option, S. 84

option straddle   gleichzeitiger Kauf oder Verkauf einer Kauf- und Verkaufsoption;   spreads and straddles, → currency option, S.36; → interest rate option, S. 84

option strike price   Basispreis einer Option; Preis (Kurs), zu dem eine Option ausgeübt werden kann (→ currency option, S. 33, → interest rate option S. 83)

option taker   Optionsnehmer, Optionserwerber

option trading   Optionshandel

option writer   Optionsverkäufer, Stillhalter

option writing   Verkauf von Optionen

original issue discount   Emissionsdisagio; Abzinsungsbetrag (errechnet sich aus der Abdiskontierung vom Nennwert)

original issue discount securities   Abzinsungspapiere

original security deposit → margin

OTC calls   börsenfreie Kaufoptionen

OTC currency option   börsenfreie Devisenoption (von einer Bank oder einem Brokerhaus verkaufte Devisenoption); → currency option

OTC interest rate option   börsenfreie Zinsoption, → interest rate option

OTC options trading   börsenfreier Optionshandel

OTC puts   börsenfreie Verkaufsoptionen

OTC stock index futures contract   Terminkontrakt auf einen Aktien-
    index für Freiverkehrswerte

out-of-pocket expenses   Nebenkosten, die der Konsortialführer bei
    einer Kreditsyndizierung bzw. Emission in Rechnung stellt

out-of-the money call   →   out-of-the money option

out-of-the money option   Eine Option wird als out-of-the money option
    bezeichnet, wenn der Basispreis einer Kaufoption (call option)
    über dem Marktpreis und der einer Verkaufsoption (put option) unter
    dem Marktpreis des zugrunde liegenden Instruments liegt.

    Bei out-of-the money options wird der Basispreis in jedem Fall
    ungünstiger als der Marktpreis sein, d.h. eine Optionsausübung
    wäre mit einem Verlust für den Optionsinhaber verbunden. Diese
    Optionen verfügen somit im Gegensatz zu den → in-the-money options
    über keinen Substanzwert (intrinsic value). Börsengehandelte
    out-of-the money options werden von Marktteilnehmern in der Hoffnung
    erworben, daß sie vor ihrem Verfall an Wert gewinnen und mit Gewinn
    wieder verkauft werden können.

out-of-the money put   →   out-of-the money option

outright long (short) position   reine Kauf- (Verkaufs-) Position
    am Terminkontrakt- oder Optionsmarkt

over-the-counter currency option   →   OTC currency option

P

P-1, P-2, P-3 ⟶ Prime 1

packager Konsortialführer, Arrangeur

paper i.e.S.: ⟶ commercial paper; i.w.S.: ⟶ Schuldtitel, Material

paper bid Übernahmeangebot, das eine Abfindung der Aktionäre durch Schuldtitel der übernehmenden Gesellschaft vorsieht

paper rating bonitätsmäßige Einstufung eines Schuldtitels

participation fee in Verbindung mit Euronotes-Emissionen: bestimmter Prozentsatz der Führungsprovision, der an die anderen underwriting banks zur Auszahlung gelangt

pass-through certificates staatlich garantierte Refinanzierungstitel der US-Hypothekenbanken (ähnliche Papiere werden inzwischen auch von nichtamerikanischen Instituten am Euromarkt aufgelegt)

paying agent Zahlstelle

payor ⟶ floating rate payor

PBOT Philadelphia Board of Trade (Terminbörse Philadelphia - Division des Philadelphia Stock Exchange)

perfect hedge in Verbindung mit Sicherungsgeschäften: vollständiger Ausgleich der im Hinblick auf eine Kassaposition entstehenden Opportunitätsverluste durch Gewinne aus der korrespondierenden Terminkontrakt-Position

perpetual floaters / perpetual notes / perpetuals

(a) Schuldtitel ohne Laufzeitbegrenzung (mit dem Erwerb dieser Titel ist sehr oft das Recht verbunden, sie zu bestimmten Zeitpunkten in kurz- und mittelfristige Papiere des gleichen Emittenten umzutauschen).

(b) Die von britischen Banken emittierten perpetual floaters(notes) werden von der Bank of England als Quasi-Eigenmittel anerkannt und können bei Ermittlung der Höchstausleihegrenzen dem Eigenkapital hinzugerechnet werden.

PHLX   Philadelphia Stock Exchange

physical exchange option   Option auf ein Kassainstrument (bei Ausübung der Option erfolgt die Übernahme bzw. Bereitstellung des zugrunde liegenden Basisobjektes; Gegensatz: → option on futures)

placing agent   Plazierungsinstitut

placing memorandum   Plazierungsmemorandum (enthält alle wesentlichen Angaben zum Kreditnehmer und den zu plazierenden Titeln)

plain vanilla issue   traditionell strukturierte Emission, Routine-Emission

plain vanilla swap   Routine-Swap

poison pills   Maßnahmen zur Abwehr von Firmenübernahmen (z.B. Satzungsänderungen, Neuordnung der Kapitalstruktur durch Ausgabe von Vorzugsaktien oder Mehrstimmrechtsaktien, sonstige Rekapitalisierungsmaßnahmen, die den Verschuldungsgrad eines Unternehmens erhöhen; auf diese Weise soll die Übernahme verteuert und somit weniger attraktiv für einen → raider gemacht werden)

position close-out   Glattstellung einer Options- oder Terminkontraktposition

positioning bank   → swap intermediary

positive variation margin   Gewinn, der sich aus der täglichen Neubewertung einer Terminkontrakt- oder Optionsposition ergibt (→ mar

posthedging transaction   Sicherungsgeschäft auf eine bereits eröffnet Grundposition

praecipium bestimmter Prozentsatz der Führungsprovision, den die Konsortialführerin für ihre Koordinierungsaufgaben erhält (der Rest gelangt anteilsmäßig an die anderen Mitglieder der Führungsgruppe zur Auszahlung)

predator → raider

pre-expiry value in Verbindung mit Optionen: Wert einer Option vor dem Ablauf der Optionsfrist

premium-plus method Formel für die Berechnung von Einschußzahlungen auf Optionskontrakte (nach dieser Formel muß der Optionsverkäufer eine Einschußzahlung in Höhe der erhaltenen Prämie und eines bestimmten Prozentsatzes des Kontraktwertes leisten)

premium quote (quotation) Prämienquotierung

Für die Gewährung des Optionsrechtes zahlt der Käufer der Option dem Verkäufer eine Prämie, deren Höhe sich aus einer Reihe unterschiedlicher Faktoren ergibt:

Nähe des gewählten Basispreises zum Marktpreis (→ in-the-money, at -the-money, out-of-the money option), Volatilität des zugrunde liegenden Marktes, Erwartungen hinsichtlich der weiteren Marktentwicklung, Restlaufzeit des Kontraktes. Neben diesen technischen Komponenten sind Angebot und Nachfrage am Optionsmarkt ausschlaggebend. Ferner ist zu berücksichtigen, daß die Optionsprämien mit der Laufzeit der Kontrakte steigen.

Die Prämien für börsengehandelte Devisen-Optionen werden in US cents je Fremdwährungseinheit quotiert, d.h. eine Prämienquotierung von 1,27 cents auf den DM 125.000 Kontrakt des Chicago Mercantile Exchange bedeutet eine Prämienzahlung von US $ 1587 ($ 0.0127 x DM 125.000). Zu den wenigen Ausnahmen von dieser als American quotation bezeichneten Quotierungsform zählt die Dollar/Mark Option, die Ende Januar 86 am London International Financial Futures Exchange eingeführt wurde und bei der Basispreise und Prämien in DM je 1 US Dollar quotiert werden.

Bei Zinsoptionen werden die Prämienangaben mit US $ 25 multipliziert, d.h. bei einer Quotierung von 0.87 auf die März-Kaufoption der Eurodollar-Option (Option auf einen Eurodollar-Terminkontrakt/Kontraktwert US $ 1 Mio) ergibt sich eine Prämienzahlung in Höhe von US $ 2175 (87 x 25).

Die Prämienquotierungen für Kauf- und Verkaufsoptionen können über verschiedene elektronische Informationssysteme abgerufen werden. Sie werden ferner in den großen Finanzzeitungen veröffentlicht.

preplacement Vorausplazierung

price interval → strike price intervals

price volatility Volatilität der Kurse, Kursvariabilität

primary capital haftende Mittel einer Bank (Br)

> Setzen sich zusammen aus: Grundkapital, den Rückstellungen für Kreditverluste, Minderheitsbeteiligungen an anderen Unternehmen und den → perpetual notes, sofern diese als Quasi-Eigenmittel von der Bank of England anerkannt wurden. Perpetual notes dürfen jedoch nicht mehr als 50 % des Grundkapitals ausmachen.

primary capital floating rate notes → perpetual notes

primary capital ratio Eigenkapitalquote

primary dealers Primärhändler

> Wertpapierhäuser, die die Regulierung staatlicher Emissionen übernehmen. Die im Zuge der Neugestaltung des britischen Wertpapiersektors eingeführten Primary Dealers können direkt mit der Bank of England kontrahieren, die ihrerseits den Markt mit Staatspapieren (Gilts) beliefert.
>
> Primary Dealers, die auch als Market Makers bezeichnet werden, müssen auf Anfrage jederzeit verbindliche Kauf- und Verkaufskurse nennen können.

primary underwriters Konsortialbanken, die eine Emission vor ihrer offiziellen Begebung vollständig übernehmen und erst dann andere Banken zur Übernahme von Quoten einladen

Prime 1 / 2 / 3 (P-1, P-2, P-3) bonitätsmäßige Einstufung von Commercial-Paper-Emittenten durch den Moody's Investors Service

prime corporate debt erstklassige Industrie-Schuldtitel

prime corporate name erstklassige Industrieadresse (Emittent)

prime-indexed certificates of deposit an die Prime Rate gebundene Depositen-Zertifikate

prime underwriting facility Variante einer →note issuance facility

principal in Verbindung mit Swaps: Bank, die bei einem Swap-Geschäft als zwischengeschalteter Vertragspartner fungiert

principal issue als Nullkupon-Papier verkaufter bzw. gehandelter Anleihemantel (ist aus der Trennung von Mantel und Zinsscheinen eines Schuldtitels hervorgegangen; sowohl Mantel als auch Zinsscheine werden getrennt als Nullkupon-Papier verkauft)

private straight festverzinsliche Privatplazierung

professional short covering Deckungskäufe des Berufshandels

protection / protected position Zuteilungsgarantie
Um zu verhindern, daß bei einem Bietungsverfahren einige starke Geschäfts- oder Investmentbanken die anderen Mitglieder des → tender panel ständig überbieten, kann eine sogenannte protected position vereinbart werden, d.h. jedem tender panelist werden Titel in bestimmter Höhe und zu einem bestimmten Preis zugeteilt.

PUF → prime underwriting facility

purchase fund Tilgungsfonds-Variante (der Anleiheschuldner muß Tilgungen bzw. die Rücknahme der Schuldtitel vornehmen, wenn der Kurs unter eine bestimmte Grenze gefallen ist)

purchase fund agent Bank, die für den Emittenten die Verpflichtungen aus einem purchase fund wahrnimmt

pure hedge reines Sicherungsgeschäft (Sicherung der Grund- bzw. Kassaposition durch einen identischen Terminkontrakt, z.B. Absicherung des Zinsertrages eines Portefeuilles, das sich aus US-Schatzpapieren zusammensetzt, durch T-Bond Kontrakte)

put → put option

put bonds Schuldtitel, bei denen der Käufer vor dem Fälligkeitstermin vom Emittenten die Rückzahlung zum Nennwert verlangen kann. Als Gegenleistung muß der Anleger bei diesen Titeln in der Regel mit einer Verzinsung vorliebnehmen, die etwas unter dem Marktniveau liegt.

put exercise Ausübung einer Verkaufsoption

put exercise price Basispreis einer Verkaufsoption

put option (a) Verkaufsoption Die Verkaufsoption gibt ihrem Inhaber das Recht, ein Basisobjekt (z.B. Devisen, Aktien, Index, Terminkontrakt) innerhalb eines bestimmten Zeitraumes oder zu einem Endfälligkeitstermin zu einem vereinbarten Kurs (Basispreis) zu verkaufen. ⟶ currency option, interest rate option

(b) Kündigungsrecht eines Kredit- bzw. Anleihegläubigers

put option hedging Absicherung von Kurs-, Zins- oder Währungsrisiken durch Verkaufsoptionen

put option on a futures contract Verkaufsoption auf einen Terminkontrakt

put premium Verkaufsoptions-Prämie

put strike price Basispreis einer Verkaufsoption

putting up margin Leistung von Einschußzahlungen auf einen Termin- oder Optionskontrakt (⟶ margin)

put warrants (a) Optionsscheine, die den Inhaber zum Verkauf von Schuldtiteln des gleichen Emittenten berechtigen; (b) Optionsscheine, die den Inhaber zum Verkauf eines bestimmten Währungsbetrages berechtigen (z.B. ⟶ ECU warrant issue)

put writer Verkäufer einer Verkaufsoption

pyramiding in Verbindung mit Terminkontrakten: Erwerb von Terminkontrakten, wobei mit dem Gewinn aus den bereits bestehenden Kontraktpositionen die Einschußzahlungen für die neuen Positionen bestritten werden.

R

raid   Versuch einer Firmenübernahme (in der Regel ohne Zustimmung des Managements des betroffenen Unternehmens)

raider   Investor, der die Übernahme eines Unternehmens durch den Aufkauf von Aktien des Zielunternehmens und schließlich durch ein Übernahmeangebot an die anderen Aktionäre zu erreichen versucht (tritt in der Regel überfallartig auf)

range forward contract   Kurssicherungsgeschäft (Kombination einer Devisen-Option und eines herkömmlichen Devisen-Termingeschäftes)

rate anticipation switch   Portefeuilleumschichtung in Erwartung einer Zinssatzsteigerung

rate capping   Festlegung eines Höchstzinssatzes, Zinsbegrenzung nach oben (→ cap)

rate collar   Zinsuntergrenze (→ collar)

rate swap → interest rate swap

rating   bonitätsmäßige Einstufung

Die bonitätsmäßige Einstufung von Kreditnehmern bzw. Anleiheschuldnern ist sicherlich keine Innovation im Sinne dieses Glossariums. Im Gegenteil, die Klassifizierungen der beiden großen Rating Agencies, Standard & Poor's und Moody's, sind seit vielen Jahren von zentraler Bedeutung für das US-Emissionsgeschäft.

Nachdem sie sich aber im internationalen Kreditgeschäft immer stärker durchsetzen und ihre Einführung auch für am Euromarkt begebene Schuldtitel gefordert wird, sollen an dieser Stelle die wichtigsten Symbole der genannten Rating Agencies zusammengefaßt werden:

Gruppe I   **AAA, AA**   (S&P)   /   **Aaa, Aa**   (Moody's)

Hierunter fallen allererste Industrie-, Bank- und Staatsadressen bzw. Schuldtitel, die dem Anleger eine risikolose Anlage bieten.

Gruppe II   **A, BBB**   (S&P)   /   **A, Baa**   (Moody's)

Zu dieser Gruppe zählen Schuldtitel, die von Unternehmen mit einem guten bis durchschnittlichen Marktstanding emittiert werden. Sie sind in der Regel als sichere Wertpapieranlage anzusehen, stabile wirtschaftliche Verhältnisse vorausgesetzt.

Gruppe III   **BB, B, CCC, CC**   (S&P)   /   **Ba, B, Caa, Ca** (Moody's)

Diese Gruppe steht für Papiere mit spekulativem Charakter, wobei BB bzw. Ba der niedrigste und CC bzw. Ca der höchste spekulative Grad ist. Zins- und Tilgungszahlungen sind nicht immer gewährleistet. Titel mit einem solchen Rating zeigen an, daß sich die Emittenten in wirtschaftlichen bzw. finanziellen Schwierigkeiten befinden. Andererseits sind mit den starken Kursschwankungen dieser Papiere auch Gewinnchancen für Anleger verbunden, d.h. wenn sie zum 'richtigen' Zeitpunkt gekauft werden und dem Emittenten eine Sanierung gelingt.

Gruppe IV   **C, D**   (S&P)   /   **C**   (Moody's)

Unter diese Gruppe fallen notleidende Titel.

Die unterschiedlichen Symbole innerhalb der einzelnen Gruppen zeigen das gruppenspezifische Bonitätsgefälle an. Die bonitätsmäßige Einstufung kann ferner durch ein Plus- oder Minuszeichen bzw. durch eine Zahl unterstrichen werden (z.B. A+, BB-, Aa2).

Für Commercial-Paper-Emissionen gelten besondere Klassifizierungs-Symbole. Standard & Poor's verwendet **A-1, A-2, A-3**, Moody's **P-1, P-2, P-3** und der Fitch Investors Service **F-1, F-2, F-3**.

Nachdem am Commercial-Paper-Markt nur erste Adressen vertreten sind, beschränken sich die Ratings in der Regel auf die Stufen 1 und 2. Zu einer Klassifizierung mit 3 kommt es eigentlich nur, wenn sich die finanzielle Lage des Emittenten während der Laufzeit der Papiere verschlechtert.

rating differential   Bonitätsgefälle

reference bank   Bank, an deren kurzfristigen Sätzen sich der Zinssatz eines zinsvariablen Schuldtitels orientiert

reference rate   Referenz-Zinssatz

registered standby floating rate note → standby floater

REIS → revolving Euronotes issuance facility

remarketable facility   syndizierter Kredit, bei dem eine Vergabe von Unterbeteiligungen vorgesehen ist

repo → repurchase agreement

representations and warranties   im Rahmen eines Kreditvertrages: Verpflichtungen und Zusicherungen des Kreditnehmers

repurchase agreement   Pensionsgeschäft

In den Vereinigten Staaten: Verkauf von Wertpapieren durch eine Bank oder eine Händler-Firma an eine andere Bank bzw. ein Unternehmen, wobei sich der Verkäufer gleichzeitig zur Rücknahme der Titel zum gleichen Preis, zuzüglich Zinsen, verpflichtet.

Die Laufzeit eines repurchase agreement liegt in der Regel unter dreißig Tagen. Gelegentlich wird bei Abschluß der Transaktion kein fester Rückzahlungstermin vereinbart, d.h. die Vereinbarung ist bis zur Aufkündigung durch eine der Vertragsparteien gültig.

Bei den Titeln, die den repurchase agreements zugrunde liegen, handelt es sich in erster Linie um US-Schatzpapiere (Treasury Bills, Treasury Bonds). Abschlüsse belaufen sich auf US $ 1 Mio und mehr. Die Verzinsung liegt geringfügig unter der Federal funds rate (Leitzins des US-Geldmarktes).

retention   in Verbindung mit einer Neuemission: feste Zuteilungsquote

retractable maturity bond   vorzeitig rückrufbarer Schuldtitel

retraction option   Kündigungsrecht

return to rollover Zinsertrag aus einem zinsvariablen Kredit bzw. Schuldtitel bis zum nächsten → rollover date

reversal / reverse transaction gegengerichtete Transaktion

reverse swap Gegen-Swap, gegengerichtetes Swap-Geschäft

revolving back-up facility revolvierende → backup facility

revolving Euronotes issuance facility Variante einer → note issuance facility

revolving loan facilities revolvierende Kreditrahmen-Vereinbarung

revolving multi-option facility revolvierende → multi-option facility

revolving roll-over credit revolvierender Roll-over Kredit (Kreditlinie, die in variabler Höhe ausgenutzt und nach Ablauf einer Zinsperiode getilgt oder erneuert wird)

revolving trade facility revolvierende außenhandelsgebundene Kreditlinie (wird in Verbindung mit Umschuldungen eingerichtet)

revolving underwriting facility Fazilität, die eine Liquiditätsbeschaffung über die revolvierende Plazierung von Schuldtiteln ermöglicht

Revolving underwriting facilities (RUFs) unterscheiden sich von den → note issuance facilities (NIFs) nur in einem wesentlichen Punkt, d.h. im Hinblick auf die Distribution der Notes. Bei den RUFs werden die Notes durch ein einziges Plazierungsinstitut, bei den NIFs hingegen über ein → tender panel plaziert.

rewriting at lower strike prices erneuter Optionsverkauf zu niedrigeren Basispreisen (→ currency option)

right of redemption pill Satzungsklausel zur Abwehr von Firmenübernahmen (nach dieser Klausel erhalten die alten Aktionäre zusätzliche Rechte, wenn ein dem Management nicht genehmer Investor einen bestimmten Kapitalanteil erworben hat)

risk measure Eigenkapital-Kennziffer (Verhältnis zwischen Eigenkapital und liquidisierbaren Aktiva einer Bank)

risk / reward ratio Risiko/Ertragsverhältnis

rollover credit Rollover-Kredit

Bei einem Rollover-Kredit verbindet die kreditgebende Bank eine mittel- bis langfristige Kreditzusage mit einer kurzfristigen Zinszusage, d.h. der Zinssatz wird in bestimmten Zeitabständen der aktuellen Marktlage angepaßt. Der in diesem Zusammenhang festgelegte Referenz-Zinssatz, z.B. Libor, erhöht sich jeweils um eine fest vereinbarte Marge.

rollover date Termin, zu dem ein Kredit oder ein Schuldtitel verlängert bzw. der Zinssatz für die nächste Zinsperiode festgelegt wird

rollover period Zeitraum, nach dessen Ablauf die Anpassung des Zinssatzes an die aktuelle Marktlage erfolgt

round trip Kauf und Verkauf eines Termin- oder Optionskontraktes

RUF ⟶ revolving underwriting facility

rule 415 Verordnung der Securities and Exchange Commission (SEC)

Gibt Emittenten die Möglichkeit durch Vereinbarung eines Emissionsrahmens mit der SEC langwierige Einzelgenehmigungsverfahren zu umgehen

runner Angestellter einer Brokerfirma, der Kundenaufträge direkt in den Börsensaal zu dem jeweiligen Händler bringt

S

Sallie Mae → Student Loan Marketing Association

scalping Arbitragegeschäfte in Verbindung mit Terminkontrakten

SDR CDs → special drawing rights certificates of deposit

SEAQ → Stock Exchange Automated Quotation System

secondary capital Quasi-Eigenmittel

Securities and Investments Board neue Aufsichtsbehörde für den britischen Wertpapiersektor

Zusammen mit dem ebenfalls neugeschaffenen Marketing of Investments Board wird der Securities and Investments Board das Recht haben, freiwillige Selbstüberwachungsorgane der Londoner City anzuerkennen. Auf diese Weise soll die weitere Liberalisierung der Märkte und die Eigeninitiative des Finanzsektors gefördert werden. → self-regulatory organisation

Securities Investor Protection Corporation Einlagen-Sicherungsfonds der Broker-Häuser

securitisation i.e.S.: wertpapiermäßige Unterlegung von Krediten, Substitution von Bankkrediten durch handelbare Wertpapiere; i.w.S. Verbriefung von Kredit- und Einlagepositionen

securitised standby → standby floater

self-regulatory organisation Selbstüberwachungsorgan der Londoner City

Die Berechtigung, den Schutz von Anlegern selbst zu gewährleisten, sollen u.a. erhalten: die Londoner Börse, die Vereinigung der Wertpapierhändler (NASDIM), die Vereinigung der Termin-Broker (AFBD) sowie die Interessenvertretung der führenden Eurobond-Häuser. Die neuen SROs unterliegen jedoch der Aufsicht durch den Securities and Investments Board.

self tender Rückkauf von eigenen Aktien am Markt

selling concession Plazierungsnutzen

sell-out reception rasche und vollständige Plazierung

serial restructuring regelmäßige jährliche Umschuldungen

settlement exposure Regulierungsrisiko

SEVRN → subordinated exchangeable variable rate notes

SFE Sydney Futures Exchange / Terminbörse Sydney

Shamrocks / Shamrock market in Irland begebene und in Irischen Pfund denominierte Auslandsanleihen

shark repellants Vorkehrungen zur Abwehr von Übernahmeangeboten (→ poison pills)

short (a) Verkäufer; (b) Verkaufsposition

short calls verkaufte Kaufoptionen

short futures contract Verkaufsposition am Terminkontraktmarkt, verkaufter Terminkontrakt

short gilt futures / short gilt contract Terminkontrakt auf Gilt-Kurzläufer (Gilts - britische Staatspapiere)

short hedge Eröffnung einer Verkaufsposition am Termin- oder Optionsmarkt, Verkauf eines Termin- oder Optionskontraktes

short hedging Absicherung von Zins-, Kurs- oder Währungsrisiken durch den Verkauf eines Options- oder Terminkontraktes

Beispiel in Verbindung mit Terminkontrakten: Einem Unternehmen wurde ein Rollover-Kredit über US $ 5 Mio eingeräumt. Der Finanzchef erwartet zum nächsten → rollover date ein höheres Zinsniveau. Um sich gegen die Zinsmehrkosten abzusichern, erwirbt er 5 Kontrakte auf Eurodollareinlagen zu je US $ 1 Mio. Ziehen die Zinsen wie erwartet an, sinkt der Terminkontraktpreis, d.h. die Kontrakte werden auf einem niedrigeren Niveau zurückgekauft.Mit dem dabei erzielten Gewinn können die Zinsmehrkosten für den Kredit aufgefangen werden (→ interest rate futures).

In Verbindung mit Optionskontrakten: Ein deutsches Unternehmen hat im März 86 in den USA Ausrüstungsgüter im Wert von $ 2 Mio erworben, die im Sept. 86 zur Zahlung fällig werden. Da der Finanzchef nach der bereits erfolgten Abschwächung keinen weiteren Rückgang des Dollarkurses erwartet, erwirbt er eine Option zum Kauf von US Dollar zu DM 2.30.

Hat sich der Dollarkurs gegenüber der Mark bis September wieder befestigt, wird er die Option ausüben, d.h. der Stillhalter muß US $ 2 Mio zu DM 2.30 je Dollar zur Verfügung stellen. Hat die US-Währung jedoch noch weiter an Wert verloren, wird er die Option verfallen lassen und sich zu dem günstigeren Kurs am Kassamarkt eindecken.

short options margins   Einschußzahlungen, die auf Verkaufsoptionen zu leisten sind

short position holder   Inhaber einer Verkaufsposition (Termin- oder Optionskontrakt)

short puts   verkaufte Verkaufsoptionen

short straddle   gleichzeitiger Verkauf einer Kauf- und Verkaufsoption

Eine solche Transaktion in Verbindung mit Devisenoptionen bietet sich bei einer geringen Volatilität der Wechselkurse an. Bleibt ein Wechselkurs wie erwartet stabil, kann der Marktteilnehmer die beiden vereinnahmten Prämien als Gewinn verbuchen.

short-term advances option   Option des Kreditnehmers, im Rahmen einer → multiple option facility kurzfristige Bankkredite aufzunehmen

short-term note issuance facility   Variante einer → note issuance facility

SIB → Securities and Investments Board

SIBOR → Singapore Interbank Offered Rate

side-by-side trading   gleichzeitiger Handel (z.B. von Aktien und Optionen)

signature　　Adresse, Schuldner, Kreditnehmer

SIMEX　　Singapore International Monetary Exchange / Terminbörse für Finanztitel Singapur

Singapore Interbank Offered Rate　　Interbanken-Angebotssatz am Platz Singapur

SIPC → Securities Investor Protection Corporation

skip-day settlement　　Regulierung eines Wertpapiergeschäftes zwei Geschäftstage nach dem Erfüllungstermin

skylock clause　　Klausel, die die Umwandlung eines variablen Kredites in eine Festsatzverbindlichkeit vorsieht, wenn das Zinsniveau eine bestimmte Obergrenze erreicht hat

SNIF → short-term note issuance facility

sole lead manager　　alleinige Führungsbank

sole placement method → sole placing agent

sole placing agent　　alleiniges Plazierungsinstitut

Der Sole Placing Agent übernimmt die von einem Schuldner emittierten Titel und plaziert sie ohne Mitwirkung anderer Banken im Markt (→ note issuance facility).

Vorteile dieses Verfahrens gegenüber der → tender panel method: schnellere Plazierung der Titel; der Emittent behält die Kontrolle über Preis und Plazierung; Anleger, die sich für die Titel interessieren, können mit einer sicheren Zuteilung rechnen.

Die Distribution der Titel über einen Sole Placing Agent erfolgt in erster Linie bei kleineren und mittleren Euronotes-Emissionen bis $ 100 Mio sowie bei → Eurocommercial-Paper-Programmen.

sovereign debt　　Schuldtitel staatlicher Kreditnehmer

sovereign Euronotes　　von Staatsadressen begebene Euronotes

SOY → strike offering yield

SPA → sole placing agent

special bracket underwriter nicht in der Führungsgruppe vertretene Konsortialbank, die jedoch aufgrund ihrer besonderen Beziehung zum Anleiheschuldner eine hohe Quote übernimmt und gegebenenfalls Vorzugskonditionen erhält

special drawing rights certificates of deposit auf Sonderziehungsrechte lautende Depositen-Zertifikate

SPOC futures contract / S&P OTC 250 index futures contract Index-Terminkontrakt auf den Standard & Poor's Freiverkehrsindex (umfaßt 250 Werte); → stock index futures contract

spot basis sofortige Verrechnung (Regulierung)

spot month bei Terminkontrakten: Liefermonat

spread (a) Spanne, z.B. zwischen Geld- und Briefkurs; (b) Aufschlag auf einen Referenz-Zinssatz, z.B. Libor; (c) → spreading, spread trading

spreading / spread trading gleichzeitiger Kauf und Verkauf von Options- oder Terminkontrakten (→ currency option, Spreads und Straddles, S. 36; → interest rate futures contract, Spread trading, S.80; →interest rate option, Spreads and Straddles, S.84)

standby facility / standby credit / standby arrangement

i.e.S.: Fazilität, die der Absicherung einer anderen Finanzierungsform dient (z.B. als Deckungslinie für eine Commercial--Paper-Emission oder Kreditzusage in Verbindung mit → Euronotes)

i.w.S.: Kreditlinie zur Absicherung gegen unvorhergesehene Liquiditätsengpässe

standby floater

Bei einem Standby Floater handelt es sich um die in einen zinsvariablen Schuldtitel umgewandelte Kreditgarantie bzw. Übernahmeverpflichtung, die eine Bank im Rahmen einer → note issuance facility übernommen hat. Beispiel: Bei Einrichtung der Fazilität werden 20 % des zugrunde liegenden Kapitalbetrages als Namenspapiere (registered standby floating rate notes) ausgegeben. Die Kreditinstitute, die diese Papiere übernehmen, verpflichten sich, die restlichen 80 % in Form von Inhaberpapieren zu übernehmen und weiterzuplazieren, wenn immer dies vom Emittenten gewünscht wird. Da die registered standby floating rate notes handelbar sind, kann eine Bank ihre Kreditzusage bzw. Übernahmeverpflichtung jederzeit auf eine andere Partei übertragen.

state name   Staatsadresse, hoheitlicher Schuldner

sterling acceptance facility   Sterling-Akzeptkredit (gibt dem Kreditnehmer die Möglichkeit, Wechsel mit unterschiedlichen Laufzeiten nach Bedarf bzw. zu den ihm besonders günstig erscheinenden Zeitpunkten zu emittieren)

sterling call (put)   Sterling/Dollar Kauf- bzw. Verkaufsoption

sterling currency futures contract   Sterling-Devisen-Terminkontrakt

sterling floater   zinsvariabler Sterling-Schuldtitel

sterling interest rate contract   Zins-Terminkontrakt (auf Dreimonats-Sterling-Einlagen)

Stock Exchange Automated Quotation System   elektronisches Handels- und Preisfeststellungssystem (Geld- und Briefkurse können über dieses System sofort allen Mitgliedsfirmen der Börse zugänglich gemacht werden)

stock index futures contract   Aktienindex-Terminkontrakt

Entwicklung

Seit ihrer Einführung am Kansas City Board of Trade im Jahr 1982 haben Kontrakte auf Aktienindizes eine explosionsartige Entwicklung erlebt. Heute liegt das Volumen aller an den US-Terminbörsen gehandelten Kontrakte über den Umsätzen des New York Stock Exchange.

Zu den bekanntesten Kontrakten zählen der 500 Werte umfassende Standard & Poor's Stock Price Index, der auf 1680 Aktien (u.a. Nebenwerte) basierende Value Line Composite Average Index, sowie der NYSE Composite Index, der alle am Big Board notierten Werte einschließt.

stock index futures contract

Eröffnung und Schließung einer Kontraktposition

Der Wert eines Terminkontraktes ergibt sich aus der Multiplikation des Indexwertes mit 500 (S&P, NYSE, Value Line) oder 100 (Major Market Index). Verfallmonate für die Kontrakte sind März, Juni, September und Dezember.

Beispiel: Ein Marktteilnehmer erwirbt in Erwartung steigender Kurse Ende Oktober 85 einen März-Kontrakt auf den NYSE-Index. Nachdem der Kontrakt zu diesem Zeitpunkt mit 109.85 notiert wird, stellt sich der Kaufpreis auf US $ 54.925 (500 x 109.85). Der Indexwert ist in der Folgezeit erwartungsgemäß gestiegen, so daß der Marktteilnehmer beim Verkauf des Kontraktes Anfang März 86 zu 130.10 einen Gewinn in Höhe von US $ 10.125 erzielen kann (130.10 - 109.85 x 500). Von diesem Betrag ist noch der Transaktionsaufwand (Gebühren, Bankprovisionen)in Abzug zu bringen .

In der Regel wird der Kontrakterwerber nicht den vollständigen Kaufpreis entrichten, sondern nur einen bestimmten Betrag als Sicherheit bzw. Erfüllungsgarantie hinterlegen. Dieser Einschuß (margin), der zwischen 5 und 10 % des Kontraktwertes schwankt, wird in Übereinstimmung mit der Marktentwicklung täglich neu bewertet (marking to the market).

Im Falle des vorgenannten Beispiels wäre bei Erwerb des Kontraktes ein Einschuß von US $ 3500 zu erbringen. Da der Kontrakt auf 500 Dollar x Indexwert basiert, bedeutet jede 1 %ige Indexänderung nach oben oder unten einen Wertzuwachs oder Wertverlust von 500 Dollar.

Ist der Index nach einiger Zeit auf 114.70 geklettert, wird das Margin Account einen Saldo von US $ 5.925 (4.85 x 500 + 3.500) aufweisen. Wäre andererseits der Index auf 105.90 gefallen, hätte sich der Saldo auf US $ 1.525 (3500 - 3.95 x 500) gestellt. Der Kontraktinhaber hätte in diesem Fall eine Nachschußzahlung bis zur Höhe des erforderlichen Mindesteinschusses (maintenance margin) leisten müssen. Da dieser Mindesteinschuß in der Regel mit dem Anfangseinschuß (initial margin) identisch ist, wäre eine Nachschußzahlung in Höhe des Wertverlustes von US $ 1.975 zu leisten gewesen.

Eine Verfügung über den den Mindesteinschuß überschreitenden Betrag sowie eine Schließung der Position durch ein Gegengeschäft ist jederzeit möglich. In der Tat werden nahezu alle Kontraktposi-

stock index futures contract

tionen durch den Verkauf erworbener Kontrakte bzw. durch den Rückkauf gekaufter Kontrakte geschlossen, wobei die Differenz zwischen dem ursprünglich kontrahierten Preis und dem aktuellen Preis zur Auszahlung gelangt.

Der Kontrakt als Hedging-Instrument

Kontrakte auf Aktienindizes werden nicht nur von spekulativ eingestellten Marktteilnehmern erworben, sondern auch von Anlegern, die nach einer Absicherungsmöglichkeit für ihre Depots suchen.

Beispiele: Ein Vermögensverwalter, der ein größeres Depot betreut, geht davon aus, daß die Kurse an den Aktienmärkten in den nächsten Monaten deutlich nachgeben werden. Aus dem einen oder anderen Grund kann er die Papiere vorläufig nicht verkaufen. Um sich gegen die erwartete Wertminderung abzusichern, verkauft er eine dem Portefeuillewert entsprechende Anzahl von Terminkontrakten. Kommt es zu dem erwarteten Kursrückgang, kann er durch den beim Rückkauf der Kontrakte erzielten Gewinn die Wertminderung seines Portefeuilles weitgehend kompensieren.

Diese Hedging-Strategie ist auch für einen Anleger interessant, der einerseits einen Kurseinbruch befürchtet, dem aber andererseits das Abstoßen einzelner Positionen zu kostspielig und zeitraubend ist.

Umgekehrt kann ein Anleger durch den Erwerb eines Terminkontraktes voll an einem von ihm erwarteten Kursaufschwung partizipieren und erspart sich den kostenintensiven Kauf von Einzelpositionen, die dann möglicherweise nicht zu den Börsenfavoriten zählen.

Terminkontrakte wird auch der Vermögensverwalter erwerben, dem in drei Monaten ein größerer Betrag zur Anlage in Aktien zur Verfügung gestellt wird, der aber schon für die nächsten Wochen mit einem starken Anziehen der Kurse rechnet. Durch den Erwerb der Kontrakte und ihrer späteren Veräußerung erzielt er einen Gewinn, der den höheren Kostenaufwand beim späteren Kauf der Aktien weitgehend kompensiert.

Sowohl beim Kauf als auch beim Verkauf der Kontrakte ist auf eine möglichst enge Korrelation zwischen den durch den Index erfaßten Werten und der Zusammensetzung des zu sichernden Depots zu achten.

stock index option   Aktienindex-Option

Die Aktienindex-Option entspricht in ihrer Grundkonzeption dem Aktienindex-Terminkontrakt, unterscheidet sich jedoch vom letzteren in einem wesentlichen Punkt:

Während mit dem Terminkontrakt eine Bezugs- bzw. Andienungsverpflichtung verbunden ist, bleibt es bei der Option ihrem Inhaber überlassen, ob er sein Recht auf Erwerb oder Verkauf des Indexes bzw. des zugrunde liegenden Terminkontraktes ausübt oder verfallen läßt.

Für dieses Optionsrecht zahlt der Optionserwerber dem Optionsverkäufer eine Prämie, deren Höhe sich nach der erwarteten Kursentwicklung, der Restlaufzeit des Kontraktes und der Nähe des Basispreises zum Marktpreis richtet.

Bei den umsatzstärksten Optionskontrakten handelt es sich um Optionen auf Index-Terminkontrakte, d.h. bei Ausübung der Option wird eine Kauf- bzw. Verkaufsposition in dem jeweiligen Terminkontrakt eröffnet. Diese Position wird entweder sofort oder später durch ein Gegengeschäft geschlossen, wobei die Differenz zwischen den beiden Preisen zur Auszahlung gelangt.

Kaufoptionen werden in Erwartung steigender Aktienkurse erworben. Der Kauf von Verkaufsoptionen ist angezeigt, wenn mit einer rückläufigen Kursentwicklung zu rechnen ist.

stock option   Aktienbezugsrecht

stock sub-index futures contract   Terminkontrakt auf einen Aktien-Unterindex

STP   →   specialised tender panel

straddle   gleichzeitiger Kauf oder Verkauf einer Kaufoption oder einer Verkaufsoption;   spreads and straddles, → currency option S. 36, → interest rate option, S. 84

straddle margin   Einschußzahlungen auf ein → straddle

Bei straddles sind in der Regel nur die Hälfte oder ein Viertel der üblicherweise anfallenden → margins zu entrichten. In einigen Fällen entfallen die margins sogar vollständig.

straight debt securities festverzinsliche Schuldtitel, Festsatztitel

straight dual currency issue festverzinsliche Doppelwährungsanleihe (→ dual currency bond)

straight equity issue Aktienemission ohne Wandlungsrechte

straight long (short) ausschließliche Kauf- (Verkaufs-) Position

strangle gleichzeitiger Erwerb einer Kauf- und Verkaufsoption (bei dieser Spreading-Transaktion liegt der Basispreis der Kaufoption über und der der Verkaufsoption unter dem Marktpreis des zugrunde liegenden Instruments)

strike offering yield Zuteilungs- bzw. Plazierungsrendite für die Mitglieder eines → tender panel

strike price Basispreis; Preis, zu dem der Inhaber einer Option eine bestimmte Basisgröße erwerben oder verkaufen kann
→ currency option, S. 32/33; → interest rate option, S. 84

strike price intervals Abstände, in denen die Basispreise börsengehandelter Optionen quotiert werden

Bei den Devisenoptionen der US Börsen: 1 cent pro Deutsche Mark, Schweizer Franken, Kanadischer Dollar, 5 cents pro Britisches Pfund (z.B. 41,42,43 pro D-Mark)

Bei der Dollar/Mark-Option des LIFFE: 5 Pfennig pro US Dollar (z.B. DM 2,45; DM 2,50; DM 2,55; etc.)

Bei den Zinsoptionen (z.B. Option auf einen Eurodollar-Terminkontrakt): 0.50 - 88.50, 89.00, 89.50, etc.

strike price series Unter einer strike price series sind die verschiedenen Basispreise zu verstehen, die für Kauf- und Verkaufsoptionen quotiert werden. Marktteilnehmer können somit zwischen → at-the-money, in-the-money und out-of-the money options wählen.

strip of futures contracts mehrere hintereinandergeschaltete Terminkontrakte (unterschiedliche Liefermonate)

stripped bond Anleihe nach Abtrennung der Zinsscheine, Wandlungsrechte und/oder Bezugsrechtsscheine

stripped Treasury zero bond   Nullkupon-Anleihe des US-Schatzamtes (ist aus der Trennung von Mantel und Zinsscheinen eines US-Schatzpapiers hervorgegangen; sowohl Mantel als auch Zinsscheine werden getrennt als Nullkupon-Papiere verkauft)

STRIPS   separate trading of registered interest and principal of securities (⟶ stripped Treasury zero bond)

structural adjustment lending   struktureller Anpassungskredit (der Weltbank)

Student Loan Marketing Association   erstklassige US-Emissionsadresse

sub-major bracket ⟶ underwriting brackets

subordinated exchangeable variable rate notes (SEVRN)
Fazilität, die dem Kreditnehmer die Möglichkeit gibt, im Rahmen einer mittel- bis langfristigen Finanzierungsvereinbarung Schuldtitel auf der Basis kurzfristiger Geldmarktsätze zu emittieren. Gleichzeitig wird dem Schuldner die Option eingeräumt, die Titel innerhalb eines bestimmten Zeitraumes in Festsatz-Titel umzuwandeln. (Variante einer ⟶ note issuance facility)

subordinated loan   nachgeordnetes Darlehen, das bis zu einem bestimmten Prozentsatz den haftenden Eigenmitteln zugerechnet werden kann

subparticipate   to - commitments   Kreditunterbeteiligungen vergeben

substitution clause   Klausel, die den Austausch von Swap-Partnern ermöglicht

sub-Treasury pricing   Konditionen unter den Sätzen für Schatzwechselpapiere

supermajority provision   Satzungsklausel, derzufolge die Übernahme eines Unternehmens von den Aktionären mit einer Dreiviertel-Mehrheit gebilligt werden muß (⟶ poison pills)

sushi bonds   Dollarbonds japanischer Emittenten

swap Swap

Swaps bzw. swapverwandte Techniken sind an den internationalen Geld- und Devisenmärkten seit langem bekannt. Noch bis Anfang der achtziger Jahre verstand man unter einem Swap in erster Linie die Kombination von Kassa- und Termingeschäft, d.h. den An- oder Verkauf einer Währung am Kassamarkt und eine korrespondierende Transaktion am Terminmarkt.

In den letzten vier Jahren haben sich die Begriffsinhalte jedoch verschoben. Neben den liquiditätsanreichernden Devisen-Swaps, die die Bundesbank mit den Kreditinstituten zur Überwindung einer kurzfristigen Anspannung am Geldmarkt tätigt, versteht man heute unter Swaps in erster Linie den Tausch von Zinsverpflichtungen und/oder Währungspositionen, wobei zwischen den folgenden drei Grundmodellen unterschieden wird:

(a) Währungs-Swap (→ currency swap). Bei einem Währungs-Swap werden Festsatzverbindlichkeiten in unterschiedlichen Währungen einschließlich der damit verbundenen Zinszahlungen getauscht. Nach Ablauf der Swap-Vereinbarung erfolgt der Rücktausch der Beträge zum ursprünglich vereinbarten Kassakurs.

(b) Zins-Swap (→ interest rate swap). Bei einem Zins-Swap kommt es zu einem Tausch von festen und variablen Zinsverpflichtungen auf identische und währungskongruente Kapitalbeträge. Ohne daß ein Tausch der zugrunde liegenden Kapitalbeträge erfolgt, erreichen beide Partner durch den Swap die angestrebte Zinsbasis.

Werden ausschließlich variable Zinszahlungen getauscht, z.B. auf Libor basierende Zinsverpflichtungen gegen Zinszahlungen, die sich an der Prime Rate orientieren, spricht man von einem basis rate swap.

(c) Kombinierter Zins-und Währungs-Swap (cross currency interest rate swap). Diesem Swap liegt eine Kombination der beiden vorgenannten Swap-Arten zugrunde, d.h. feste und zinsvariable Währungspositionen werden getauscht.

Swaps führen Partner mit unterschiedlichen Finanzierungsbedürfnissen und/oder unterschiedlichen Zins- bzw. Wechselkurserwartungen zusammen. Ihre Attraktivität ist in erster Linie darin zu sehen, daß alle an einem Swap beteiligten Parteien Mittel in der benötigten Art und Größenordnung zu günstigen Konditionen erhalten.

swap

Dies setzt voraus, daß die Partner bonitätsmäßig unterschiedlich eingestuft werden oder über unterschiedliche Marktpositionen bzw. -stärken verfügen. In der Praxis handelt es sich bei dem einen Partner oft um eine Industrieadresse, die wohl Zugang zu günstigen Finanzierungsquellen auf zinsvariabler Basis besitzt, andererseits aber an langfristigen Festsatzkonditionen interessiert ist (z.B. Wunsch nach Festschreibung des Zinsaufwandes für ein Investitionsvorhaben, das sich über mehrere Jahre erstreckt).

Kontrahent ist in der Regel eine erste Bankadresse, die über Anleihebegebungen Festsatz-Mittel zu attraktiven Konditionen bereitstellen kann, jedoch aus unterschiedlichen Gründen zinsvariablen Verpflichtungen den Vorzug gibt (z.B. Bedarf an zins- und/oder währungskongruenten Refinanzierungsmitteln, Erweiterung des Refinanzierungsfächers, größere Unabhängigkeit vom Interbanken-Markt, unterschiedliche Zinserwartungen).

Banken setzen Swaps jedoch nicht nur gezielt in ihrem Aktiv- und Passivmanagement ein, sondern werden am Swap-Markt auch als Arranger bzw. Intermediary tätig (⟶ interest rate swap; Die Intermediary-Funktion der Banken).

Die intensive Inanspruchnahme des Swap-Instrumentariums durch die international operierenden Kreditinstitute hat nicht nur zu einem fulminanten Wachstum dieses Marktbereiches geführt, sondern auch die traditionellen Strukturen der Anleihemärkte verändert und die Voraussetzungen für einen globalen Kapitalmarkt geschaffen.

swap agent → swap arranger

swap arrangement fee   Swap-Marge, Provision der Swap-Bank

swap arranger   Bank, die einen Swap-Kontrakt vermittelt (sie führt swapwillige Parteien zusammen, unterstützt sie bei Vertragsverhandlungen, übernimmt aber kein Risiko; Gegensatz: → swap intermediary)

swap assignment   Abtretung eines Swap-Kontraktes

swap buyout   Aufkauf eines Swap-Kontraktes

swap closeout   Schließung einer Swap-Position (durch Verkauf, Abtretung oder Abschluß eines Gegen-Swaps)

swap collateral   Sicherheit, die eine Swap-Partei zur Verfügung stellt

swap collateralisation   Unterlegung eines Swaps durch eine dingliche Sicherheit

swap contract currency   Swap-Kontraktwährung

swap counterparty   Gegenpartei bei einem Swap-Geschäft

swap deal   Swap-Kontrakt, Swap-Geschäft

swap-driven deal   an einen Swap gekoppelte Neuemission

swap exposure   Verlustrisiko bei Swap-Geschäften; Engagement am Swap-Markt

swap inception   Abschluß eines Swap-Kontraktes

swap intermediary   Swap-Bank (Bank, die bei einer Swap-Transaktion als zwischengeschaltete Vertragspartei tätig wird; → interest rate swap; die Intermediary-Funktion der Banken)

swap life   Swap-Laufzeit, Laufzeit eines Swap-Kontraktes

swap maturity   Fälligkeit eines Swap-Kontraktes

swap option   → swaption

swap premium   Swap-Marge, Risikoprovision der Swap-Bank

swap pricing   Swap-Konditionen, Festlegung der Swap-Konditionen

swap primary market   Swap-Primärmarkt (Markt für Neuabschlüsse)

swap principal   → swap intermediary

swap reversal Auflösung einer Swap-Vereinbarung durch eine gegengerichtete Swap-Transaktion

swap secondary market Swap-Sekundärmarkt (Markt, auf dem bereits abgeschlossene Swap-Kontrakte gehandelt werden)

swap tender panel Swap-Bietungskonsortium (in einem Bietungsverfahren wird unter den beteiligten Banken das Recht vergeben, zinsvariable Titel in festverzinsliche Titel zu swappen)

swaption Option auf Ausübung eines Swaps

Mit dieser Option ist für ihren Inhaber das Recht, aber nicht die Verpflichtung verbunden, einen Zins- oder Währungs-Swap zu einem bestimmten Satz vorzunehmen. Dieses Recht kann entweder innerhalb einer bestimmten Frist oder an einem bestimmten Tag ausgeübt werden.

swap unwinding Auflösung eines Swap-Kontraktes (durch Verkauf, Abtretung oder Abschluß eines Gegen-Swaps)

swingline facility Fazilität, die eine Liquiditätsbeschaffung sowohl über → Euronotes als auch ⟶ Commercial Paper ermöglicht

switch clause Switch-Klausel, Änderungsklausel (z.B. Option auf Bereitstellung eines Kredites in einer anderen Währung)

T

takeover shark → raider

tap CDs   bei Bedarf ausgegebene Einlagenzertifikate

tap issue   Daueremission (Tranchen werden je nach Kapitalbedarf und Marktlage begeben)

targeted issue   im Hinblick auf eine bestimmte Anlegergruppe begebene Emission

targeted notes   Schuldtitel des US-Schatzamtes, die ausschließlich außerhalb der Vereinigten Staaten schwerpunktmäßig bei Nichtamerikanern plaziert werden

tax call   Steueränderungsvorbehalt (Schutzklausel in Verbindung mit Euro-Emissionen ausländischer Unternehmen)

tender issue   Emission, bei der die Zuteilung der Titel über ein Bietungsverfahren erfolgt

tender offer   Übernahmeangebot

tender panel   Bietungskonsortium

Ein Tender Panel setzt sich aus mehreren Banken zusammen, die in einem Bietungsverfahren neu emittierte Schuldtitel (→ Euronotes, → Commercial Paper) erwerben und anschließend weiterplazieren.

Bei einer bevorstehenden Emission wird die Führungsbank im Tender Panel, der Tender Panel bzw. Facility Agent, die Mitglieder des Bietungskonsortiums zur Abgabe von Zinsgeboten auffordern und sie über den im Einvernehmen mit dem Kreditnehmer bzw. Emittenten festgelegten Höchstzinssatz informieren. Den Zuschlag erhalten die Institute, die die niedrigsten Zinsgebote abgegeben haben.

tender panel

Falls eine Plazierung der Titel im Markt nicht möglich ist, müssen sie von den Underwriting Banks (d.h. von den Banken, die eine Übernahmeverpflichtung abgegeben haben;→ note issuance facility) zum vereinbarten Höchstzinssatz übernommen werden. Neben den Underwriting Banks können in einem Tender Panel auch Non-Underwriting Banks vertreten sein. Das Engagement der letztgenannten beschränkt sich ausschließlich auf die Distribution der Titel.

Die Vorteile des Tender Panel liegen zum einen in dem Konkurrenzdruck, der die partizipierenden Banken zur Abgabe günstiger Gebote zwingt und zum anderen in der breiten Streuung der Titel, die durch die größere Bankengruppe gewährleistet ist.

Die Nachteile ergeben sich vor allem aus der Möglichkeit, daß das Konsortium von einigen wenigen plazierungsstarken Banken dominiert wird. Um einer solchen Entwicklung entgegenzuwirken, ist in manchen Vereinbarungen eine Klausel vorgesehen, derzufolge jeder Underwriter eine feste Quote an den zu plazierenden Titeln erhält.

Umgekehrt können sich plazierungsschwache Banken aus Prestigegründen durch aggressive Gebote Zugang zu den Titeln verschaffen. Den End-Anlegern stehen die Titel dann möglicherweise zu wenig attraktiven Renditen zur Verfügung. Dies wiederum bedeutet einen Imageverlust für den Emittenten, der sich bei Folgeemissionen nachteilig auswirken kann.

tender panel agent   Führungsbank in einem → tender panel

tender panel agent fee   Provision des → tender panel agent

tender panel banks / tender panelists   Mitglieder des → tender panel

tender panel opening   Öffnung des tender panel für Banken, die keine Übernahmeverpflichtung für den Fall der Nichtplazierbarkeit der Titel eingegangen sind

three-month Eurodollar contract   Dreimonats-Eurodollar-Terminkontrakt, Zins-Terminkontrakt auf der Basis dreimonatiger Eurodollar-Einlagen

tick / tick size → minimum price fluctuation

TIGRS → Treasury Investment Growth Receipts

time decay umbrella   die letzten 45 Tage vor dem Ablauf der Optionsfrist (der Zeitwert der Option sinkt in diesem Zeitraum besonders schnell; → time value)

time option   Möglichkeit der Wahl des Valutatages (innerhalb einer vorgegebenen Zeitspanne)

time value   Zeitwert

In Verbindung mit Optionskontrakten: Wert einer Prämie nach Abzug des Substanzwertes (→ intrinsic value, in-the-money option). → Out-of-the money options, die über keinen Substanzwert verfügen, besitzen also nur einen Zeitwert.

Bei dem Zeitwert, der sich mit dem Näherrücken des Verfalltermines der Option verringert, handelt es sich somit um den Betrag, den der Optionserwerber in der Hoffnung zahlt, daß die Option noch vor ihrem Verfall höher bewertet wird und dann mit Gewinn ausgeübt bzw. verkauft werden kann.

TLC → transferable loan certificate

TLF → transferable loan facility

TLI → transferable loan instrument

top-level leads   erste Gruppe der Führungsbanken

TP → tender panel

trade   to - the whole market   eine Option oder einen Terminkontrakt auf einen Aktienindex erwerben oder verkaufen (der Kontraktinhaber partizipiert auf diese Weise an der Entwicklung des Gesamtmarktes)

traded option   börsengehandelte Option

trader   i.w.S.: Händler, Marktteilnehmer; i.e.S.: spekulativ ausgerichteter Marktteilnehmer, der sich aus der Übernahme offener Risikopositionen Gewinne erhofft

trader's equity   Einschußzahlungen, die ein Marktteilnehmer auf eine Kontraktposition geleistet hat

trade units   Handelseinheiten, fiktive Rechnungseinheiten (z.B. bei Tauschgeschäften)

trading positions   spekulative Termingeschäfte tätigen

trading unit   in Verbindung mit Terminkontrakten: Kontraktgröße

transaction maturity   Kontrakt-Fälligkeit

transferable dual currency advances facility   Doppelwährungs-Variante der → transferable loan facility

transferable loan certificate   → transferable loan facility

transferable loan facility   übertragbare Kreditfazilität

Bei der Transferable Loan Facility handelt es sich um einen syndizierten Eurokredit mit vereinfachter Übertragung von Kreditanteilen. An die Stelle der früher üblichen Unterbeteiligungen treten die Transferable Loan Instruments (TLIs) und die Transferable Loan Certificates (TLCs). Beide Instrumente ermöglichen eine problemlose Übertragung und unterscheiden sich nur in rechtlicher Hinsicht:

Das Transferable Loan Instrument ist ein Papier mit Wertpapiercharakter, dem eine Abtretung von Darlehensforderungen zugrunde liegt. Das Transferable Loan Certificate hingegen basiert auf einer Novation (Umwandlung des Schuldverhältnisses). Die Übertragbarkeit von Kreditforderungen wird somit im ersten Fall durch das Instrument selbst und im zweiten Fall durch eine entsprechende Vertragsgestaltung gewährleistet.

Mit dem Erwerb von TLIs oder TLCs erhält der Inhaber einen direkten Rechtsanspruch gegenüber dem Schuldner, der bei den herkömmlichen Unterbeteiligungen in der Regel nicht gegeben war. Ob und in welcher Höhe sie Anteile abgeben, ist in das alleinige Ermessen der Führungs- bzw. Gläubigerbanken gestellt. Die Rechte und Pflichten des Schuldners, d.h. gestaffelte Inanspruchnahmen, vorzeitige Rückzahlungen, Schuldendienst, etc. werden durch die TLIs/TLCs nicht tangiert.

Mit den Transferable Loan Facilities verfolgen die Banken ein doppeltes Ziel: Zum einen versuchen sie das Eurokreditgeschäft neu zu beleben, das in den letzten Jahren durch die Einführung der → Note Issuance Facilities an Bedeutung verloren hatte. Zum anderen können sie durch die einfache Übertrag-

transferable loan facility

barkeit von Kreditanteilen ihre Bilanzen entlasten, ihre Liquidität erhöhen oder Raum für neue Engagements schaffen. Schließlich sind die Transferable Loan Facilities als der Versuch zu werten, einen funktionsfähigen Sekundärmarkt für Eurokredite aufzubauen.

transferable loan instrument ⟶ transferable loan facility

transferable revolving underwriting facility Variante einer ⟶ revolving underwriting facility (gibt einer Underwriting Bank das Recht, ihre Übernahmeverpflichtung bzw. Kreditzusage auf eine andere Bank zu übertragen)

transfer risk Transfer-Risiko (in Verbindung mit Swaps: Gefahr, daß fällige Währungstransfers aufgrund staatlicher Eingriffe nicht mehr erfolgen können; ⟶ currency swap)

Treasury Bill contract T-Bill Terminkontrakt, Zins-Terminkontrakt, der auf den kurzfristigen US-Treasury Bills basiert (Kontraktgröße US $ 1.000.000; Mindestwertschwankung: US $ 25; ⟶ interest rate futures contract)

Treasury Bond contract T-Bond Terminkontrakt, Zins-Terminkontrakt, der auf den langfristigen US-Treasury Bonds basiert (Kontraktgröße: US $ 100.000; Mindestwertschwankung: US $ 31.25; ⟶ interest rate futures contract)

Treasury Bond option contract T-Bond Option, Zinsoption auf den T-Bond Terminkontrakt (⟶ interest rate option; ⟶ option on futures)

Treasury Bond + 30 (T+30) Treasury Bond Rendite plus 30 Basispunkte (0,30 %)

Treasury Investment Growth Receipts auf US-Schatzpapieren basierende Nullkupon-Titel (werden nach dem gleichen Verfahren wie ⟶ CATS emittiert)

Treasury Note contract T-Note Terminkontrakt, Zins-Terminkontrakt, der auf den mittelfristigen US-Treasury Notes basiert (Kontraktgröße US $ 100.000; Mindestwertschwankung: US $ 31.25; ⟶ interest rate futures contract)

Treasury Receipts → Treasury Investment Growth Receipts

Treasury strips → stripped Treasury zero bond

treasury targets → targeted issues

trigger rate   auslösender Satz (z.B. Zinssatz, dessen Über- oder
    Unterschreitung die Umwandlung eines variabel verzinslichen Titels
    in ein Festsatzpapier zur Folge hat)

triple A   höchste Bonitätsstufe

TRs → Treasury Receipts

TRUF → transferable revolving underwriting facility

two-tier bid / two-tier bid (offer) with a lower backend
    zweistufiges Übernahmeangebot, bei dem den unter die Tranche I
    (front end) fallenden Aktionären im Vergleich zu den Aktionären
    der Tranche II (lower end) besonders günstige Konditionen einge-
    räumt werden, z.B. Abfindung in bar für die Aktionäre der Tranche
    I, Abfindung durch Schuldtitel bei Tranche II

two-tranche deal   zweiteilige Emission

U

UMO → underwritten multiple option facility

uncapped floating rate note zinsvariabler Schuldtitel ohne Zinsbegrenzung nach oben (Gegensatz: → cap)

uncommitted dealer Händlerfirma (Investment-Bank), die den Vertrieb von Schuldtiteln übernimmt, ohne eine Übernahmeverpflichtung einzugehen

uncommitted facility Fazilität, die nicht durch die → backstop/backup facility einer Bank unterlegt ist

uncovered calls (puts) ungedeckte Kauf- (Verkaufs-) Optionen; → uncovered option writing

uncovered exposure ungedecktes Risiko

uncovered option writing Verkauf von ungedeckten Optionen, d.h. der Optionsverkäufer (Stillhalter) befindet sich weder im Besitz des Basisobjektes noch hat er ein Gegensicherungsgeschäft abgeschlossen

undated floater zinsvariabler Schuldtitel ohne Laufzeitbegrenzung

underlying instrument in Verbindung mit Terminkontrakten: Basisobjekt, Basisgröße

underwriter group / underwriters / underwriting banks Übernahmekonsortium (→ note issuance facility)

underwriting brackets Gruppen, in die Konsortialbanken je nach Marktstellung bzw. Umfang der übernommenen Quoten oder Aufgaben eingeteilt werden (special, major, sub-major, junior, minor)

underwriting fee → facility fee

underwriting panel   Übernahmekonsortium

underwritten multiple option facility → multiple option facility, die durch die Deckungslinie bzw. Übernahmeverpflichtung eines Bankenkonsortiums unterlegt ist

underwritten notes   Schuldtitel (→ Euronotes), die bei Nichtplazierbarkeit von einem Bankenkonsortium übernommen werden

underwritten rate   Zinssatz, zu dem die Übernahme von Schuldtiteln erfolgt

undrawn facility   nicht in Anspruch genommene Fazilität

unfriendly bidder (suitor) → raider, black knight

unhedged currency exposure   ungesicherte Währungspositionen

unlock   to - a fixed-rate debt   eine Festsatzverbindlichkeit in ein zinsvariables Engagement umwandeln

unmatched swap position   offene Swap-Position

unsolicited bid (tender) system   Distributionssystem für Euronotes: Bei diesem System kann jede an der Plazierung der Titel mitwirkende Bank dem Emittenten direkt ein Angebot zur Übernahme von Titeln unterbreiten, wenn ein konkretes Anlegerinteresse vorliegt.

unused back-up   nicht in Anspruch genommene Kreditzusage bzw. Übernahmeverpflichtung

unwinding a swap   Auflösung einer Swap-Vereinbarung (entweder durch Verkauf, Abtretung oder Abschluß eines Gegen-Swaps)

USCP   United States Commercial Paper; → Commercial Paper

utilisation fee   in Verbindung mit Euronotes-Emissionen: zusätzliche Provision, die die Konsortialbanken bei Inanspruchnahme ihrer Übernahmeverpflichtung bzw. bei Nichtplazierbarkeit der Titel erhalten

utilisation-priced support facility Deckungslinie, bei der sich die Provisionen nach der Höhe der Inanspruchnahmen richten

V

vanilla issue Routineemission

variable coupon certificate of deposit zinsvariables Einlagenzertifikat

variable margin / variation margin Gewinne oder Verluste, die sich aus offenen Terminkontrakt- oder Optionspositionen aufgrund der täglichen Neubewertung der Positionen ergeben (→ margin, marking to the market)

VC-CD → variable coupon certificate of deposit

VLA Value Line Composite Average Index / Aktienindex, auf dem ein Terminkontrakt basiert (→ stock index futures contract)

W

warehousing   Übernahme offener Swap-Positionen

warrant   Optionsschein
Ein Warrant verkörpert das Optionsrecht auf
(a) Bezug von Aktien oder zusätzlichen Anleihestücken des gleichen Emittenten (equity / bond warrants); oder
(b) Kauf oder Verkauf eines Währungsbetrages (→ ECU warrant issue)

warrant bond   Optionsanleihe (→ bond with warrants attached)

warrant exercise period   Optionsfrist

warrant exercise price → warrant strike price

warrant issue   (a) Optionsanleihe; (b) → ECU warrant issue

warrant offering price   Ausgabekurs der Optionsscheine

warrants-attached offering → warrant bond

warrant strike price   Optionspreis
Preis, zu dem
(a) der Warrants-Inhaber zusätzliche Anleihestücke oder Aktien erwerben kann; oder
(b) der Warrants-Inhaber einen Währungsbetrag kaufen oder verkaufen kann

white knight   Investor, der Aktionären ein Übernahmeangebot mit Zustimmung des Managements des Zielunternehmens unterbreitet (das Management des betroffenen Unternehmens wird den white knight als einen ihm genehmen Fusionspartner akzeptieren, wenn es sonst keine andere Möglichkeit sieht, sich der Übernahmeversuche durch einen → black knight zu erwehren)

wholesale banking Großkundengeschäft (Kredit- und Wertpapier-
geschäfte, Geld- und Devisentransaktionen mit großen Unternehmen
aus dem Banken- und Nichtbankenbereich)

WINGS (warrants convertible into negotiable government securities)
handelbare Optionen auf den Kauf bzw. Verkauf von US-Schatzpapieren

writer Optionsverkäufer, Stillhalter

writing a call (put) Verkauf einer Kauf- (Verkaufs-) Option

Y

Yankee CDs Certificates of deposit, die von den Niederlassungen
ausländischer Banken in den USA begeben werden

Z

zero bond Nullkupon-Anleihe, Zerobond

A u s s t a t t u n g s m e r k m a l e

Bei einer Nullkupon-Anleihe handelt es sich um einen Schuldtitel, dessen Zinsen voll abdiskontiert wurden, so daß der
Ausgabepreis deutlich unter dem Rückzahlungskurs liegt (ein
Titel mit einer zehnjährigen Laufzeit wird z.B. zu 41 % emittiert und zu 100 % zurückgenommen). Die Differenz entspricht
dem Zinsertrag bis zur Endfälligkeit.

Es besteht aber auch die Möglichkeit, daß der Ausgabepreis
auf 100 % festgesetzt wird und ein aufgezinster Endwert zur
Auszahlung gelangt.

Der hohe Kapitalzuwachs ergibt sich aus dem Zinseszinseffekt,
denn im Gegensatz zu einer herkömmlichen Anleihe werden bei
einem Zerobond die Zinsen nicht ausgezahlt, sondern bleiben
stehen und werden ebenfalls wieder verzinst.

zero bond

Vor- und Nachteile einer Anlage in Nullkupon-Anleihen

Der Kauf von Nullkupon-Anleihen ist vor allem unter steuerlichen Gesichtspunkten interessant, da die Zinserträge erst bei einem vorzeitigen Verkauf oder bei Endfälligkeit der Titel zu versteuern sind. Kursgewinne sind nach einer Behaltezeit von sechs Monaten steuerfrei.

Nullkupon-Anleihen bieten sich daher vor allem für Anleger an, die zum einen an einer langfristigen Vermögensbildung interessiert sind, und die zum anderen mit einer niedrigeren Progressionsstufe bei Rückzahlung der Titel rechnen (z.B. durch den Eintritt in den Ruhestand).

Darüber hinaus eignen sich Zerobonds auch für eine langfristige Liquiditätsplanung. In den Vereinigten Staaten und Großbritannien zum Beispiel werden sie von Pensionsfonds erworben, die die Rückflüsse aus erworbenen Titeln den in künftigen Jahren fälligen Versicherungsleistungen anpassen.

Aus der Sicht des Anlegers ist zu beachten, daß Nullkupon-Anleihen größeren Kursschwankungen als herkömmliche Anleihen unterliegen. Bei einem rückläufigen Zinsniveau werden sie stärker gefragt sein und somit auch höher an der Börse bewertet werden. Umgekehrt wird es bei einem nach oben gerichteten Zinstrend zu einer geringeren Nachfrage und demzufolge zu einer niedrigeren Börsenbewertung kommen.

Literaturverzeichnis

1. Publikationen der folgenden Börsen

Chicago Mercantile Exchange

London International Financial Futures Exchange

Philadelphia Stock Exchange / Philadelphia Board of Trade
New York Futures Exchange

2. Aufsätze in Zeitschriften und Zeitungen

Aylward, J.	Choosing between traded and OTC options, in: Euromoney Corporate Finance, August 1985
Bown, R.	FRAs move into market as hedging alternative, in: Euromoney Corporate Finance, January 1985
Brown, C.	What Euronote facilities offer the corporation, in: Euromoney Corporate Finance, January 1985
Coggan, P.	Futures and Options, in: Euromoney Corporate Finance, January 1985
Coggan, P.	Reducing interest rate risk with new option products, in: Euromoney Corporate Finance, March 1985
Dodsworth, T.	US Finance: Giving raiders food for thought, in: Financial Times vom 11.6.1985
Dunne, N.	US Exchanges: A bright spot in the gloom, in: Financial Times vom 11.12.1985
Grant, C.	Why Treasurers are swapping swaps, in: Euromoney, April 1985
Grant, C.	The Standby Floater, in: Euromoney July 1985
Gurwin, L.	The Euromarket's happy hybrids, in: Institutional Investor, September 1984
Hagerty, B.	Infant Euroequity Market Beginning to Grow, in: International Herald Tribune vom 25.11.1985

Hall, W.	US Finance - Junk Bonds, in: Financial Times vom 11.6.1985
Hecht, L.	The insurance policy that can make you money, in: Euromoney Corporate Finance, August 1985
Henderson, J.	How to create an interest rate cap, in: Euromoney, April 1985
Hogg, T.	A hedging strategy with interest rate futures, in: Euromoney Corporate Finance, December 1984
Hubbes, H.	Währungs-Spekulation mit Zins-Warrants, in: Börsenzeitung vom 5.11.1985
Hurn, S.	Transferable Loan Magic in: Euromoney, January 85
Kulmburg, P.	NIFs - Ein Boom stiftet Unsicherheit, in: Börsenzeitung vom 12.10.1985
Lascelles, D.	UK Banks find a capital answer as Lloyds note wins approval, in: Financial Times vom 26.7.1984
Lee, M.	Smoothing out the RUF, in: Euromoney, December 1984
Levedag, R.	Zins- und Währungs-Swaps, in: Handelsblatt vom 4.10.1983
Merl, G.	Produktpalette der Kreditinstitute findet sinnvolle Ergänzung, in: Handelsblatt vom 17.7.1985
Mills, H.	How front-end fees on syndicated Euroloans are determined, in: The Banker, December 1984
Montagnon, P.	Euronotes, in: Financial Times vom 18.3.1985
Nicoll, A.	Currency options: A boon to the corporate Treasurer, in: Financial Times vom 11.12.1985
Nicoll, A.	ECU 300m warrant issue by Salomon, in: Financial Times vom 10.1.1986
Nicoll, A.	Hedging Markets - Instruments to handle almost every exposure, in: Financial Times vom 18.6.1985
Nicoll, A.	Interest Swaps, in: Financial Times vom 18.3.1985
Nicoll, A.	London trading begins in currency options, in: Financial Times vom 16.5.1985

O'Dea, C.	Competing for currency options, in: Euromoney, April 1985
o.V.	Anhörung zu Finanz-Terminkontrakten, in: Börsenzeitung vom 8.5.1985
o.V.	Corporate Forex - From the over-the-counter to listed currency options, in: International Financing Review, Issue 580, July 20, 1985
o.V.	Devisenoptionen - Dritte Dimension, in: Wirtschaftswoche vom 2.11.1984
o.V.	Dominanz der Spezialitäten-Anleihen, in: Neue Züricher Zeitung vom 30.7.1985
o.V.	Financial Futures & Options - Key Role Seen for Next CBOT Futures, in: International Financing Review, Issue 572, May 25, 1985
o.V.	Financial Futures & Options - Option Margin Debate Futures-Style Margining for US Options, in: International Financing Review, Issue 576, June 22, 1985
o.V.	Financial Futures & Options - Tenth Anniversary, in: International Financing Review, Issue 596, November 9, 1985
o.V.	Financial Futures & Options - The Chicago Scene, in: International Financing Review, July 20, 1985
o.V.	Financial Futures & Options - US Scene on the Move, in: International Financing Review, May 14, 1985
o.V.	Floater als begehrte Zwischenlösung, in: Börsenzeitung vom 13.9.1985
o.V.	Kräftiger Zuwachs im Handel mit Optionen und Futures, in: Neue Züricher Zeitung vom 17.4.85
o.V.	Neue Joker für Anleger, in: Wirtschaftswoche vom 12.7.1985
o.V.	Überblick über den Handel in Terminkontrakten, in: Börsenzeitung vom 3.9.1985
o.V.	US-Freiverkehr - Vorbild für Londoner Börsenreform, in: Börsenzeitung vom 26.7.1984
o.V.	Selbstkontrolle der Londoner City unter Zeitdruck, in: Neue Züricher Zeitung vom 5.7.1985

Pavey, N.	The Multi-Option Facility - The Latest Twist to Notes Facilities, in: Euromoney, April 1985
Priestley, S.	Futures and options reach new records, in: Euromoney Corporate Finance, February 1986
Rettberg, U.	Spekulation mit bekanntem Risiko erfreut sich steigender Beliebtheit, in: Handelsblatt vom 30.9.1985
Shirreff, D.	The Euronote Explosion, in: Euromoney, December 84
Sieghart, M.	The bulldogs lead the way, in: Financial Times vom 14.11.1983
Storck, E.	Umstrukturierungen im Eurokreditmarkt, in: Die Bank 2/85
Ströer, W.	Hedging mit Zinsterminkontrakten, in: Börsenzeitung vom 30.10.1984
Taylor, P.	US Credit Markets - Promise of even greater price volatility, in: Financial Times vom 11.6.1985